COLLECTION

espoir

Sous la direction de
L'INSTITUT CHARLES-DE-GAULLE

Par son action et dans ses écrits, le général de Gaulle a abordé la plupart des problèmes sociaux, économiques, politiques, qui se posent à notre temps. Dans de nombreux cas, il a pris position sur leur évolution.

Sans doute quelques données changent-elles, mais les grandes questions demeurent posées aujourd'hui comme hier.

L'Institut Charles-de-Gaulle se propose de réunir, dans le cadre de la collection « Espoir » éditée par la librairie Plon, une série d'études d'actualité dont certaines rapprocheront les vues du fondateur de la Ve République des situations et perspectives du moment.

De même, la collection présentera des témoignages de nature à éclairer la personnalité de ceux qui ont joué un rôle dans la vaste entreprise de rénovation nationale commencée en 1940.

En raison du caractère scientifique des travaux de l'Institut, les opinions exprimées dans cette collection seront très variées et parfois opposées. Dans ces conditions, l'Institut ne saurait donc en prendre aucune à son compte.

P. L.

UN
AUTRE
MALRAUX

Du même auteur

Les Fleurs du ciel, Laffont, 1955.
Regarde-toi qui meurs, Laffont, 1970.
La Mousson de la liberté, Plon, 1976.

BRIGITTE FRIANG

UN
AUTRE
MALRAUX

COLLECTION
espoir
PLON

© LIBRAIRIE PLON, 1977.

ISBN 2-259-00274-9

L'étroite rue passante est trop bruyante. Fermer la fenêtre entrebâillée. Et maintenant, chiffrer le numéro d'André Malraux. Ce Molitor 33-65 que tant d'années écoulées n'ont pas effacé. Décrocher le combiné. Non. Recouvrer d'abord mon calme. Maîtriser cette émotion stupide qui me serre la gorge et va m'empêcher de parler.

Encore trois petits tours. Ainsi font les marionnettes.

La jambe gauche repliée sur mon fauteuil, je me rassieds. Ce n'est pas une attitude très protocolaire pour un bureau. Néanmoins, primo, le meuble de chêne clair derrière quoi j'ai établi mes quartiers dissimule cette anomalie de comportement. Secundo, sur un siège spartiatement dépourvu de capitonnage, c'est la seule position qui me soit confortable pour cause de confrontation, voici deux ans et demi, avec un pistolet parabellum de la Gestapo dont l'un des projectiles m'a traversée pile-face, justement à ce niveau de l'individu, capital — si je puis dire — pour la position assise, ce qui n'est guère glorieux et encore moins commode. Tertio, notre bureau est le contraire de protocolaire.

Mieux vaut, d'ailleurs, ne pas tenter d'y pénétrer la nuit. Un marin breton taillé dans un menhir et dont le visage devient encore plus rouge que ses cheveux à la moindre contrariété le contrôle alors, tapi sur un lit de camp derrière une lourde porte verrouillée, enchaînée, barricadée. Motif ? Une poignée d'anciens de la France libre et de la France combattante a décidé de préparer, dans le secret, un grand mouvement politique qui, dans les mois à venir, doit ramener au pouvoir le général de Gaulle. Et donc sauver la France. Pas moins. Or nous craignons que cette entreprise n'agrée pas à tout le monde.

Car nous sommes au mois d'octobre 1946. Celui que, à partir du 14 avril prochain et de la création officielle du Rassemblement du Peuple Français * annoncé le 7 avril 1947 par le discours de Strasbourg, nous appellerons dans nos communiqués le Libérateur du territoire (ce qui est sans doute fort exagéré, mais pas davantage que l'image de la France entière résistante et dressée pour chasser l'Allemand les armes à la main), le général de Gaulle donc, a démissionné de la présidence du gouvernement provisoire le dimanche 20 janvier précédent. Bien entendu, nous tous qui l'avons suivi avec la ferveur du combattant de l'ombre ou de l'exil, sommes per-

* Ne pas confondre avec les contrefaçons.

suadés que, privé de sa direction, notre pays court à l'abîme. Il faut avouer que la pièce que l'on nous joue depuis lors donne à songer.

Communistes, socialistes et républicains populaires se sont partagé le pouvoir de crainte de laisser les copains gouverner seuls. Gouverner ? D'accord sur rien, les trois partis n'ont pu « qu'étaler les scandales dont le plus sûr était fait de leurs propres divisions », comme le remarquera plus tard Jacques Fauvet, l'actuel directeur du journal *Le Monde* *.

★

Avec qui voulez-vous travailler, m'a-t-on interrogée, lorsque j'ai débarqué rue Taitbout, en ce mois d'octobre 1946.

Parmi les propositions énoncées et sans la moindre trace d'hésitation décente, j'ai retenu celle d'assister Diomède Catroux. Non pas que je connaisse ce neveu du général et ce fils cadet de l'expert en tableaux, qui va très vite devenir l'ami Dio. Mais Catroux junior doit s'occuper de la presse. Et cela sous les couleurs d'André Mal-

* Jacques Fauvet, *La IVe République*, Fayard éd. (1963).

raux. Orientation qui réveille en moi un vieil intérêt. Ma première vocation me voulait journaliste. Surtout, le nom prestigieux de Malraux a soulevé mon enthousiasme. A pas tout à fait vingt-trois ans, alors que l'on ne sait rien faire d'autre que jouer à la guerre, pour avoir planté là des études de médecine à leur stade primitif justement pour cause de jeux de guerre, entrer dans l'orbite de l'auteur des *Conquérants,* de *La Condition humaine* et de *L'Espoir,* cela a de quoi transporter.

Il n'empêche que si courir, à Paris, les rendez-vous clandestins et, dans la verte campagne normande, angevine ou bretonne, les terrains d'atterrissage et de parachutage homo ou arma — d'agents ou d'armes —, ne m'a que médiocrement impressionnée, appeler André Malraux au téléphone, sans l'avoir encore jamais rencontré, me fait battre aussi fort le cœur que d'entendre les pas de mes interrogateurs de la Geheime Staatspolizei approcher de ma cellule lorsque, clouée tel le papillon par ma blessure sur mon lit du bâtiment réservé aux terroristes dans l'hôpital allemand quoique parisien de La Pitié, je savais que j'allais avoir à défendre la liberté de mes camarades et l'existence du bloc ouest de mon réseau contre les poings allègrement batifolants de mes visiteurs du matin.

Pourtant, le téléphone ne m'a pas encore joué les tours qu'il me réserve. Par exemple quand, quelques mois plus tard, Malraux m'ayant priée d'appeler André Gide pour régler un quelconque problème littéraire, exaspérée par le ton

10

hésitant de mon interlocuteur que je prendrai pour le valet de chambre du maître, du haut de mes vingt ans, je le rabrouerai d'un, « enfin, mon ami, vous ne comprenez donc rien, voulez-vous avoir l'obligeance de me passer M. Gide », et que j'entendrai la voix timide me répondre, « mais je suis André Gide, mademoiselle ». Brr. Incident qui, rapporté à qui de droit, provoquera ce sourire ange de Reims qui, chez Malraux, remplaçait le rire, exceptionnel.

Néanmoins, je ne crois pas lui avoir relaté certaine conversation téléphonique que j'eus avec le général de Gaulle, peut-être de crainte que Malraux n'en eût pas apprécié la cocasserie parce que, justement, il s'agissait du général de Gaulle. Eût-il été question de Churchill ou d'Eisenhower, j'aurais été sûre de mon succès.

Nous terminions je ne me souviens plus quel voyage dans l'est de la France. On se rappelle que, dès la création du R.P.F., inlassablement et souvent à l'occasion de tel anniversaire, de tel souvenir de la guerre juste terminée ou de celle de 14-18, le général de Gaulle arpenta la France hexagonale et parcourut même celle d'outre-mer afin de rameuter autour de lui et de son projet les Français à vrai dire plus préoccupés de savoir quand cesseraient les restrictions que de se doter d'un gouvernement sain et stable, tout comme ils avaient été davantage soucieux, durant le conflit, de tickets d'alimentation que de sauver l'honneur national.

En tant qu'attachée de presse au service de presse et de propagande que dirigeait André

Malraux, je m'aventurais fréquemment en avant-garde de ces visites afin d'alerter les journalistes locaux. D'organiser, par dessus le marché, la dactylographie et la reproduction des discours du général de Gaulle, dont un exemplaire nous était remis deux à trois heures avant qu'il fût prononcé. Ensuite de quoi je me trouvais responsable de sa scrupuleuse transcription avant de distribuer le texte aux journalistes au moment même où le chef du R.P.F. prenait la parole, non sans avoir souligné de rouge les passages qui me paraissaient les plus saillants sur les feuillets destinés aux cameramen des actualités cinématographiques. La télévision dormait encore, en effet, dans ses limbes. Au reste, elle eût été interdite de séjour tout comme sa sœur aînée la radiodiffusion nationale, par décret gouvernemental.

C'était le président du conseil socialiste du moment qui, au nom de la démocratie et aux applaudissements enthousiastes des communistes, fervents défenseurs de la liberté de pensée et d'expression, avait en effet inventé de bannir le général de Gaulle des ondes officielles pour toutes ses interventions politiques, depuis le discours qu'il avait prononcé à Bruneval, en Normandie, le 30 mars 1947. Il est vrai que de Gaulle avait aimablement déclaré que le jour allait venir où, rejetant les jeux stériles et réformant le cadre mal bâti où s'égarait la nation et se disqualifiait l'Etat, la masse immense des Français se rassemblerait sur la France.

Comme le jour annoncé devait mettre plus de

temps à se lever que ne le prévoyait le général de Gaulle, les multiples successeurs de Paul Ramadier auraient onze années devant eux pour reconduire, avec un scrupule admirable, cette décision.

En dépit de la présence d'une ou deux secrétaires du cabinet du général, l'aide et le contrôle de son officier d'ordonnance, Claude Guy ou, plus tard, Gaston de Bonneval, dactylographier dans une frappe impeccable et paginer une centaine d'exemplaires d'un discours qui comportait rarement moins de douze feuillets, le tout en un temps record, dans des locaux de fortune, avec des dactylos bénévoles mais pas toujours qualifiées et un sandwich à la main car les opérations se déroulaient inévitablement durant que le beau monde banquetait, n'allait pas sans transes ni aléas. Mais ne fallait-il pas que l'intendance suivît.

La moindre faute de majuscule omise ou rajoutée, de virgule déplacée ou oubliée tournait au drame historique, au crime de lèse-majesté.

Quelque part en Lorraine donc, me semble-t-il, au dernier jour d'un voyage, un problème de virgule, précisément, avait surgi. J'avais subi une scène ridicule. Tout juste si je ne méritais pas le peloton d'exécution. Or, j'étais formelle, le signe de ponctuation incriminé figurait sur l'original. Qu'heureusement je retrouvai. Exaspérée par le fayotage, la dramatisation d'un incident fort mineur et qui ne compromettait nullement le sens du texte — et pour cause — je m'étais arrêtée sur la route du retour vers

Paris et avais appelé à Colombey Claude Guy, l'aide de camp du général de Gaulle qui devait déjà être arrivé à La Boisserie.

Toute à mon indignation et à ma rage devant l'injustice de l'accusation, « allo Claude, avais-je commencé en réponse à l'interjection conventionnelle prononcée par une voix masculine, c'est Brigitte, j'en ai marre de toutes vos histoires et de vos crises de nerfs, j'ai récupéré le texte du général et c'est moi qui ai raison, si vous n'êtes pas content et le général non plus, je m'en contrefiche, la prochaine fois, vous vous débrouillerez tout seul, moi, je ne joue plus ». C'est alors que j'entendis une voix, plus grave que celle de Claude Guy — et peut-être un tantinet rigolarde — me répondre, « c'est le général de Gaulle à l'appareil, mademoiselle ». J'ignore si mon interlocuteur saisit un mot de l'explication en forme d'excuses que je lui bafouillai. J'étais tellement suffoquée, prise de court, pétrifiée d'émotion que j'étais tombée dans un trou noir. Engueuler le général de Gaulle, ce n'était pas rien, comme aurait dit Malraux.

Je ne devais jamais plus de ma vie parler par téléphone au général de Gaulle. Au reste, je ne le rencontrai seule à seul que par deux fois, et dans son bureau du 5 rue de Solférino. Chaque fois d'ailleurs sur rendez-vous sollicité par André Malraux. La première pour lui exposer un plan de travail sur la presse que j'avais élaboré et lui présenter mes doléances quant à son refus quasi systématique de recevoir les journalistes, même de classe internationale. La seconde pour lui faire mes adieux avant de quitter le R.P.F. et de partir pour l'Indochine. Aux deux occasions, la courtoisie extrême, l'écoute que de Gaulle avait apportée au petit poisson que j'étais, me firent m'interroger sur cette légende selon quoi il était impossible de dire au général de Gaulle sa pensée. J'en conclus, sans doute hâtivement, que c'étaient les hôtes du général, paralysés précisément par cette légende, par la stature physique, par l'aura du chef inflexible de la France libre, qui n'osaient pas lui exposer leur opinion. Y compris peut-être André Malraux, comme on le verra plus loin.

Quant à ma visite impromptue à Colombey, par une soirée d'hiver, l'ai-je, à l'époque, relatée à André Malraux. Sans doute, car l'anecdote, pour mince qu'elle fût, avait entraîné des entours réjouissants.

Mince ? Dans mon esprit, tout au moins. Mais pas pour tout le monde. A mon insu, elle devait donner matière, dans les années qui suivirent, à tant d'interprétations absurdes, et jusqu'aux plus rocambolesques qu'à ma surprise, vers 1969 ou 1970, donc une vingtaine d'années plus tard, alors que nous déjeunions ensemble, Malraux me demanda le fin mot de l'histoire.

Les circonstances en étaient simples. De conserve avec Roger Barberot, délégué régional du R.P.F., nous étions partis pour le Doubs dans une voiture de service afin de préparer un passage du général de Gaulle. Un copain parlementaire nous accompagnait, mais en passager clandestin car en rupture de ban avec le gaullisme officiel. Quand, à notre consternation et à une bonne centaine de kilomètres de Paris, nous avions découvert que, ni les uns ni les autres, chauffeur compris, nous ne nous étions munis de tickets d'essence. La situation était grave. C'est alors que l'idée me traversa l'esprit de passer par Colombey et d'en demander à l'officier d'ordonnance du général de Gaulle. Certes nous allions nous présenter à La Boisserie un peu tard. Il serait environ 19 heures lorsque nous parviendrions à Colombey-les-Deux-Eglises. Mais qu'importait. Nous verrions juste l'ami Claude Guy et filerions vers Baume-les-Dames, ni vus, ni connus.

Il faisait nuit noire depuis beau temps et l'aiguille de nos montres avait déjà largement dépassé le chiffre sept lorsque nous franchîmes la grille de la propriété du général de Gaulle. Bien entendu, Roger Barberot et moi sonnâmes seuls à la porte du manoir. A la femme de chambre qui nous ouvrait, nous demandâmes Claude Guy. Catastrophe, il était absent. Qui est-ce, interrogea alors une voix féminine. Et, re-catastrophe, madame de Gaulle apparut. Par correction, nous nous présentâmes comme si nous étions de parfaits inconnus pour la femme du général. Et Barberot d'expliquer que, et que, et que (jamais nous ne devions avouer que nous étions venus quêter des tickets d'essence), que nous voulions voir Claude pour régler avec lui les derniers détails de la visite du général de

Gaulle à Baume, que nous étions marris qu'il fût absent mais que cela n'avait aucune importance, que nous allions repartir dans l'instant.

Mais madame de Gaulle nous avait entraînés vers le salon. Nous ne savions comment nous dépêtrer de cette situation désagréablement ambiguë. Mais que madame de Gaulle semblait s'être fourré dans la tête d'élucider. Là-dessus, patatras, le général surgit. Qu'est-ce qui lui valait l'honneur de cette visite impromptue. Barberot, compagnon de la Libération, officier de marine héros de la Division française libre, se mit alors en devoir de me présenter avec cérémonie, comme si de Gaulle ne m'avait jamais vue et, d'une seule haleine, en forme d'excuse à ma présence, de vanter mes hauts faits de résistance à l'étonnement de plus en plus perceptible de notre interlocuteur. Puis, avec sa faconde, sa jovialité, son esprit d'à-propos jamais en défaut, mon compagnon tenta de convaincre le maître de céans qui, au reste, semblait fort peu convaincu mais ne parvenait pas à discerner le but réel de notre incursion, qu'il venait quérir ses ordres ultimes pour la cérémonie de Baume-les-Dames, comme s'il s'agissait d'une réunion d'importance mondiale.

Affable, quoique cherchant toujours visiblement à percer le but d'une irruption si insolite, le général entraîna Roger Barberot dans son bureau. Mais me laissa en tête à tête avec madame de Gaulle. Efforts désespérés pour affecter un air naturel. Assauts de small-talk. Avec des retombées tragiques. Manifestement et pour sa part, tante Yvonne ne parvenait pas à comprendre comment je pouvais me trouver, moi, une jeune fille d'apparence convenable, sur les routes de France, seule (croyait-elle), en voiture, et de nuit, oui, madame ma chère, avec un HOMME. Je tentai d'apaiser les craintes de la générale, imperceptiblement formulées. Sans grand succès apparent. A l'évidence, madame de Gaulle tremblait pour ma vertu. Mais, après tout, qu'est-ce qu'elle en avait à faire. Si Barberot et de Gaulle ne réapparaissaient pas, je sentais que, au bord de l'exaspération, j'allais le lui demander. Ils réapparurent. Remerciements, souhaits de bonne route, le général nous raccompagna à la porte de La Boisserie. Il n'avait pas aperçu notre ami, tapi dans la 11 CV Citroën protégée par la nuit dense. Fous rires de collégiens dans la voiture.

Le problème des tickets d'essence résolu par un militant heureusement retrouvé, Claude Guy, qui nous avait rejoints le lendemain à Baume-les-Dames, sermonna Barberot hors de ma présence. Il apparut que madame de Gaulle avait fait remarquer à son général de mari que sauver la France, c'était bien, mais que, pour cette mission, entraîner des jeunes filles sur la route de l'enfer, était inadmissible.

Pauvre si chère tante Yvonne, elle ne semblait guère se douter que c'était sur la route d'un tout autre enfer, fort réel celui-là, que bien d'autres jeunes filles avec moi s'étaient jetées, pour cause de résistance, après s'être promenées, sans leur gouvernante, sur des routes de France un peu plus dangereuses que celles des années 48. Et que bien d'autres jeunes filles, même élevées au couvent des Oiseaux, y avaient perdu des choses un peu plus importantes que leur virginité physique. Quand elles étaient sorties vivantes des prisons et des camps.

J'ignore comment cette futile historiette donna tant à jaser. Le fait est que, vingt ans plus tard, Malraux me demanda, à brûle-pourpoint, « maintenant Brigitte, avouez-le-moi, qu'était Barberot pour vous à l'époque, un copain ou davantage ».

D'un autre que Malraux, la question m'eût paru inacceptable parce qu'indiscrète. Et aussi frivole que l'anecdote. Deux qualificatifs si éloignés de l'univers malrussien que de les associer au nom de Malraux porte à rire. Prétendre qu'elle ne me surprit pas serait cependant mentir. Justement en raison de l'antinomie qu'elle soulevait. En près de trente ans de ce que je crois pouvoir oser qualifier d'amitié, je ne me souviens d'avoir abordé mes problèmes privés avec Malraux qu'en deux occasions. La première fois, lorsque je lui annonçai mes fiançailles, à la fin des années 50 et qu'il me posa une question qui me prit de court. La seconde, peu de temps après m'être installée en Haute-Provence à la suite de mon renvoi de la télévision pour avoir contribué à la grève des journalistes de 1968. Comme Malraux examinait des photographies de ma maison, « et au point de vue garçons, me lança-t-il, comment ça va ». Encore que, certes, du temps du R.P.F., il agrémentait parfois nos entretiens de travail de quelques allusions aussi interrogatives qu'amusées — mais qui n'exigeaient pas de réponses — à propos de tel ou tel de nos amis qui lui semblait me témoigner un intérêt trop marqué pour être honnête.

Car il n'y avait pas trace de goût pour la confidence intime, chez Malraux. Mais un intérêt d'ethnologue — ou de romancier — pour la vie des êtres qui ne le laissaient pas indifférent.

★

Il est surprenant que je me revoie, en cet après-midi ensoleillé de l'automne 1946, fermant la fenêtre pour entreprendre ce premier contact téléphonique avec Malraux, hésitant, décrétant qu'il faisait vraiment trop chaud et que je devais rouvrir la fenêtre de l'étroit bureau, la refermant parce que, décidément, les automobiles cornaient avec trop d'entrain au carrefour proche, et tout cela avec une netteté que trente années n'ont pas embrumée, alors que, en revanche, j'ai perdu le souvenir de ce premier échange à quoi je mis sans doute plus d'une heure à me résoudre.

Jusqu'à la création officielle du R.P.F. et l'installation de ses propres bureaux du boulevard des Capucines, Malraux n'apparut pas une seule fois rue Taitbout. Ça n'est pas assez luxueux pour notre révolutionnaire professionnel, ricanaient certains qui hantaient la terne rue du IXe arrondissement.

Les rivalités pointaient déjà qui, pour n'être pas avouées, n'en sous-tendirent pas moins les relations entre les ténors du Rassemblement et peut-être davantage encore celles des membres de leurs services. Certes pas, d'ailleurs, du fait de Malraux, qui possédait un don poussé jusqu'à l'aveuglement d'ignorer les tensions banalement quotidiennes des rapports humains. Au vrai, son équipe allait bientôt regarder le secrétariat général, dont Jacques Soustelle assumait la responsabilité, avec ce dédain convenu qu'affectent les combattants pour les politiciens. Quant à la rue de Solférino, avec une condescendance plus affichée que réelle due à une certaine jalousie suscitée par l'aura qui nimbait Malraux, elle se gausserait de ceux qu'elle qualifiait de sa bande, accusés de confondre souvenirs de guerre et visées politiques, bon camarade avec bon candidat, Rassemblement avec Résistance. Reconnaissons d'ailleurs que ce fut rarement le hasard qui dirigea, vers tel ou tel pôle, les nouvelles recrues au fur et à mesure que se constituaient les états-majors et alors que ceux-ci implantaient leurs propres délégués dans les départements. Le boulevard des Capucines attira d'ailleurs nombre de transfuges ou recueillit bien des assurances de ralliement de cœur, faute de pouvoir être physiques.

S'il n'est pas douteux que Malraux ne développait qu'un goût fort modéré pour la médiocrité matérielle — et d'abord par exigence esthétique — la modicité des locaux de la rue Taitbout n'entrait guère dans sa décision de les négliger.

Plusieurs mois avant les élections de juin 1951, qui devaient sonner le glas du R.P.F., il accepta, par mesures d'économie, de renoncer à nos confortables bureaux du boulevard des Capucines pour rallier le petit hôtel du 5 rue de Solférino. Comme le général de Gaulle en occupait la partie noble du premier étage et Jacques Soustelle, avec son secrétariat général, le second, Malraux dut se contenter du troisième, ménagé sous les toits, fort exigu et desservi par un escalier de service. Néanmoins, force est de reconnaître que son assiduité exemplaire des Capucines commença à souffrir quelque relâchement. A la suite du cuisant échec des élections législatives du printemps, il passa d'ailleurs la main pour le courant à Edmond Michelet et ne vint plus qu'occasionnellement au bureau.

Cette exigence esthétique se révélait parfois à des détails d'apparence négligeable. Dans les années 70, un jour que nous déjeunions tous deux chez Lasserre — sa presque cantine dans ses dernières années —, « et qu'est devenue vo-

tre robe à rayures jaunes et noires », m'interrogea-t-il tout à coup, alors que la conversation ne
présentait que peu de rapports avec la mode.

Ma robe jaune et noire ? J'en avais perdu le
souvenir. Si, insista-t-il, celle des Capucines. Je
me rappelai alors cette robe de jersey de rayon-
ne, d'une simplicité antique puisque confection-
née par mes soins pour cause d'anémie de ma
bourse piteusement alimentée par une société
amie chez qui j'émargeais au titre de dactylo-
graphe de dernière catégorie, et qui avait enchanté Malraux. Lorsque je l'avais étrennée, il
m'avait fait jouer les mannequins dans son
bureau.

Comment se pouvait-il que Malraux eût conservé cette image anodine, après plus de vingt
années écoulées. En dehors de prouver encore,
si besoin était, sa mémoire monstrueuse, sa réflexion montrait, une nouvelle fois, à quel point
Malraux était demeuré émotivement attaché à
notre équipée du boulevard des Capucines —
des Capucines, comme il disait — alors qu'il paraissait avoir gommé le temps qui avait suivi
notre transfert rue de Solférino.

Exigence esthétique poussée jusqu'à l'extrême. En 1958, il m'en administra une preuve qui
me laissa un instant pantoise.

J'étais redevenue son attachée de presse,
alors qu'il était ministre de l'information du
général de Gaulle appelé à la présidence du
conseil le 1er juin. Comme je traversais l'immen-

se bureau et foulais le bouquet central de la Savonnerie, de son bureau plat, sis entre les deux fenêtres qui donnaient sur la rue de Varenne et Matignon, Brigitte, me jeta en guise de bonjour Malraux qui m'observait, le menton appuyé sur ses deux mains en double pont-levis à moitié abaissé entre les tours verticales de ses avant-bras, je n'aurais jamais cru ça de vous.

Diable, avais-je commis un impair lors de mes entretiens avec les journalistes étrangers qui se pressaient à la porte de mon ministre et que, sur sa demande, j'entraînais dans mon bureau après qu'il les avait reçus. Une de mes missions consistait en effet à vérifier que les correspondants avaient bien saisi sa pensée et, éventuellement, à expliciter ses propos dont la fulgurance, émaillée de formules absconses pour qui ne partageait pas depuis longtemps son intimité, paraissait souvent plus qu'ésotérique à des interlocuteurs qui ne maniaient pas toujours les nuances de notre langue. Malraux déroutait déjà ses hôtes français, pourtant rarement analphabètes.

C'était ainsi qu'un jour, il m'avait priée de revenir le voir aussitôt en aurais-je terminé avec deux envoyés spéciaux américains de haut parage. Comme il me demandait si ses visiteurs l'avaient bien suivi, « étonnamment, lui avais-je répondu, d'autant qu'ils ne possèdent pas votre dictionnaire ». Cette fois, ce fut à Malraux de demeurer interloqué. Debout près de la fenêtre, il avait interrompu ses allées et venues qui lui tenaient lieu d'entraînement physique et porté sa main droite, index pointé vers la pommette, doigts repliés sous le menton, la main gauche au creux du coude opposé, en un geste de réflexion familier. Dans un silence qui m'avait écrasée, car j'avais entendu taquiner et non certes blesser un homme que je révérais, ses yeux couleur de Marennes m'avaient scrutée. Enfin, l'étonnant sourire gothique les avaient adoucis. L'amitié avait garanti que ma patte était bien toute de velours.

Cette fois, pas de glaçons dans les brumes dunkerquoises. Mais pas de lampions. Pas d'indignation, mais une surprise navrée. Et comme mon rapide examen de conscience n'avait apparemment pas allumé de signe de compréhension sur mon visage interrogateur, « vous ne vous êtes pas rendu compte, me reprocha Malraux, de ce que vous portez une broche en or, alors que l'ardillon de vos boucles de col et de ceinture est en métal blanc ».

Certes, le velours noir de mon ensemble soulignait cette erreur impardonnable, mais il fallait l'œil de Malraux pour la déceler. Et son esthétisme exigeant pour s'en offusquer.

En réalité, ce qui poussa Malraux à négliger les bureaux de la rue Taitbout fut, non point un problème de situation ou d'aménagement des bureaux, mais bien plutôt son sens de l'efficacité qui, si l'on en croit son excellent biographe Jean Lacouture *, avait déjà tant étonné les membre de son escadrille Espana, en 1936. Trait qui frappait en effet chez ce visionnaire, chevaucheur des rapprochements les plus surprenants, bouquets étincelants de thèmes, de formes cueillis dans les civilisations apparemment les plus éloignées dans l'espace et le temps. Si les, « de quoi s'agit-il » et les, « soyons sérieux », constituaient deux des formules-clefs de sa conversation, ce n'était pas un hasard.

Que serait venu faire Malraux rue Taitbout, alors qu'aucun des moyens d'action promis n'était encore en place. Parloter, distribuer des conseils, tirer des plans. Cela ne le concernait pas. Sa vision du rassemblement politique en gestation, il pouvait l'exposer sans intermédiaire au général de Gaulle. Il n'avait pas de temps à perdre à dorloter des susceptibilités alors qu'il était en train d'achever le tome I de sa *Psychologie de l'Art,* son premier essai esthétique dont il rêvait dès avant son départ pour la guerre d'Espagne et à quoi il avait travaillé durant son repli en Corrèze, œuvre capitale qui allait non seulement stupéfier les admirateurs de ses romans ou de ses engagements et les simples amateurs d'art, mais aussi le monde des artistes et des critiques.

Et soulever des tonnerres de ricanements haineux et de réprobation outragée, les uns l'accusant de plagier Elie Faure, les autres d'avancer

* Jean Lacouture, *André Malraux, Une Vie dans le Siècle,* Le Seuil, ed. 1973.

n'importe quoi, de rapprocher l'incomparable, d'autres encore de n'offrir qu'un charabia incompréhensible, alors que nombre d'artistes reconnaissent qu'il a modifié leur vision et que les générations futures le considéreront peut-être comme le grand philosophe de l'art.

Tempête sans doute provoquée par l'irritation des experts confinés dans leurs spécialités devant des connaissances trop universelles, une imagination trop flamboyante, un esprit de déduction trop déroutant. Mais aussi par l'exaspération des sclérosés et des conformistes que les prises de position déconcertantes de Malraux ne cesseront de bousculer dans leurs petites idées, une fois pour toutes encoconnées.

La fureur que devaient soulever dans les milieux intellectuels proclamés de gauche le ralliement de Malraux au général de Gaulle, ses responsabilités au sein du R.P.F., décrété mouvement de bourgeois fascistes, plus tard son acceptation de postes ministériels ne ressortit pas à d'autres réactions. Lorsque l'on disserte, de préférence assis dans son fauteuil et en ne s'engageant qu'avec des mots, on préfère jouer aux dames, ou éventuellement aux échecs, mais avec des pièces noires ou blanches, sur des carrés noirs ou blancs et certes pas au furet, qui passe par ici, qui repassera par là et qui ne permet jamais de savoir qui l'a. Or, ce qui agacera chez Malraux, c'est qu'on ne sera jamais certain de le trouver où il eût convenu qu'il fût, selon les normes d'autant plus petites-bourgeoises — pour employer le jargon à la mode — des censeurs qu'ils sont issus pour la plupart de la classe infamante incriminée ou en mènent la vie odieusement privilégiée. Avec stupéfaction, on découvrira même Malraux, à soixante-dix ans, s'offrant à partir porter secours au Bangla-Desh, les armes à la main.

Au moment de la mort de Malraux, un grand journal du soir a publié un dessin sinistrement drôle. Mais qui prouvait que le caricaturiste, au talent pourtant d'ordinaire aussi perspicace que cruel, n'avait, lui non plus, pas échappé aux a priori de rigueur. Y figuraient deux pierres tombales, côte à côte, surmontées d'une croix. Sur le premier monument, cette inscription, André Malraux, 1901-1947. Sur l'autre, André Malraux, 1947-1976.

1947, tout lecteur du quotidien destiné à la classe politisée comprenait, c'était entendu, que cette date représentait l'engagement de Malraux au R.P.F.

Or, pour l'homme qui avait été à Berlin, au mois de janvier 1934, réclamer en compagnie d'André Gide la libération de Dimitrov, * pour celui qui avait participé au congrès des écrivains de Moscou l'été suivant, pour l'orateur enflammé du congrès des écrivains à la Mutualité du mois de juin 1935, pour le chef d'escadrille

---

* Le Bulgare Georges Dimitrov, secrétaire de la IIIe Internationale, en mission en Allemagne, avait été arrêté par la Gestapo en février 1933 et accusé de l'incendie du Reichstag.

aérienne anti-franquiste de la guerre civile espagnole, rejoindre un général de carrière obsédé par l'honneur et la grandeur de sa patrie et qui ne pouvait qu'aspirer à imposer une dictature — de droite, il va de soi, et donc la seule répréhensible — voilà qui, à l'évidence, constituait une trahison.

Certes, le parcours accompli par Malraux en quelques années avait de quoi décontenancer. Car, d'entrée de jeu, le président du Rassemblement du Peuple Français regardait les communistes (alliés objectifs de naguère) comme s'étant exclus eux-mêmes de la communauté nationale pour représenter le parti de l'étranger. Autrement dit inféodé à l'Union soviétique. Que, dans une interview accordée à la *Litteratournaïa Gazeta* du 16 juin 1934, Malraux s'était proclamé prêt à défendre le fusil à la main en cas de guerre, pour la considérer comme le pays de la liberté. *

Déconcerter, mais seulement l'observateur inattentif. Entre-temps, en effet, s'étaient déroulés quelques petits événements. Les très instructifs procès de Moscou, par exemple. ** Avant d'être exécutés et avec un ensemble touchant, des chefs bolcheviques de la première heure, tels Zinoviev — le signataire du télégramme adressé au congrès de Tours de 1920 intimant l'ordre d'exclure de la IIIe Internationale Léon Blum et ses amis droitiers coupables

---

* Extraits d'une citation publiée par Jean Lacouture, op. cité.
** 1936-1938.

de vouloir pour la France une défense nationale — Kamenev, Rykov ou Boukharine — dont Malraux se flattait d'une amitié nouée à Moscou à l'été 1934 —, s'y étaient accusés eux-mêmes des crimes les plus fantaisistes pour se reconnaître en dernier ressort vipères lubriques à éliminer. Tout comme le maréchal Toukhatchevski, l'organisateur de l'armée rouge créée par Trotsky — il est vrai ancien officier de l'armée impériale (et compagnon de captivité évadé de De Gaulle en 1916 en Allemagne) — fusillé sous prétexte d'avoir livré des secrets de défense nationale aux Allemands, en la modeste compagnie de la moitié des cadres militaires soviétiques, soit quelque 35 000 officiers (d'où la grande débâcle de l'Armée rouge en 1941). Ou encore l'assassinat par un agent de Staline, * en 1940, de Trotsky, réfugié au Mexique et que Malraux, entiché du révolutionnaire légendaire, après avoir envisagé de monter une expédition pour le délivrer lors de son internement au Kazakhstan avant son expulsion de Russie en 1929, avait longuement rencontré en France, en 1933. Deux ans plus tôt, pris au piège de l'imaginaire malrussien, le compagnon de Lénine avait d'ailleurs, dans la N.R.F., consacré aux *Conquérants* une étude qui devait accréditer la légende — complaisamment entretenue par le jeune roman-

---

* Si l'on en croit la presse britannique du mois de janvier 1977, Ramon Mercader, universellement considéré comme l'assassin de Trotsky, aurait été fait Héros de l'Union soviétique par M. Brejnev, dans les semaines précédentes.

cier — d'un Malraux-Garine, commissaire du Kuomintang à Canton. Ou bien certain acoquinement hitléro-stalinien d'août 1939. Et même si, sur le moment, quelques-uns de ces actes furent, non point excusés, mais rangés au placard pour inventaire ultérieur, tant l'urgence de la lutte anti-fasciste primait. Ou peut-être aussi les assez mauvais rapports entretenus par Malraux avec les maquis communistes du Périgord, au moment de son entrée dans l'action, outre les tentatives de ces derniers pour s'emparer des pouvoirs locaux et imposer leur loi aussi arbitraire que sanguinaire, plutôt que de rejoindre l'armée et poursuivre le combat de libération du territoire.

Il est clair cependant que c'est précisément durant ce printemps 1944, puis lorsqu'il commanda la brigade Alsace-Lorraine, que Malraux entama ce crochet qui devait tant surprendre. Sur son chemin, en effet, il s'était heurté à la France. L'avait charnellement découverte. Jusqu'alors pour lui, elle n'avait en rien été « la princesse des contes ou la madone aux fresques des murs ». Apparemment, il ne s'en faisait aucune idée. Sa patrie, c'étaient la liberté, la dignité — des hommes, bien sûr — et aussi la beauté, surtout lorsqu'elle était créée par eux. Néanmoins, bien qu'il eût déjà engagé sa vie pour leur défense en Espagne, c'était là concepts non incarnés. Pour le Malraux d'avant 1944, les hommes de Valmy (du Valmy mythique) et les soldats de l'an II s'étaient battus contre les tyrannies couronnées. Il avait fallu « les femmes noires de Corrèze, immobiles du haut en bas de la montagne, et attendant en silence, chacune sur la tombe des siens, l'ensevelissement des morts français », et aussi « les bazookas maniés par des mains paysannes avançant à la rencontre des chars de Rundstedt lancés à nouveau contre Strasbourg », * pour qu'il sentît que ces hommes avaient combattu d'abord pour la France.

Ce furent donc ces épousailles de la France qui provoquèrent ce que d'aucuns qualifièrent de reniement.

Car il est aujourd'hui entendu qu'être nationaliste (que l'on pardonne ce mot, étrangement devenu péjoratif dans l'esprit de tant qui ont étrangement oublié le sublime Vive la Nation des armées révolutionnaires en guenilles), il est donc entendu qu'être nationaliste en Union soviétique, en Chine, à Cuba, au Vietnam et autres lieux pourvu qu'une étoile rouge en éclaire le firmament, est hautement louable et loué, mais que l'être dans une quelconque démocratie libérale dénote des dispositions lamentablement petites-bourgeoises et des aspirations odieusement fascistes.

* Discours prononcé par Malraux, le 19 décembre 1964, à l'occasion du transfert des cendres de Jean Moulin au Panthéon.

★

Lorsque, au mois d'avril 1947, Malraux prend la direction du service de presse et de propagande du R.P.F., il rejoint, bien évidemment, l'analyse du général de Gaulle. A savoir que, dans une Europe encore misérable, éventrée, désolée par six années de guerre et d'occupation, pas encore réanimée par l'oxygène du Plan Marshall, * la France qui, en dépit de son caquetage, ne se pardonne pas sa déroute militaire de juin 1940 et encore moins sa collaboration avec l'ennemi, déchirée entre les factions, gouvernée par des partis opposés, court le danger d'une subversion communiste. C'est-à-dire soviétique, dans l'état de subordination d'alors du P.C.F. à Moscou, que trop de documents et de témoignages d'anciens dirigeants prouvent jusqu'à plus soif pour qu'il soit honnêtement possible d'en douter.

Certes, la IIIe Internationale a été dissoute le 15 mai 1943, en pleine guerre, par un Staline avide d'aide américaine. Poudre aux yeux. Qu'allait rendre évidente, la guerre terminée, sa reconstitution ** pudiquement camouflée par

---

* 1er avril 1948 - 30 juin 1952. Adopté par seize pays d'Europe.

** Le 5 octobre 1947.

son changement de dénomination de Komin-
tern en Kominform et même si cet avatar ne
réunissait que les partis communistes d'URSS,
de Bulgarie, de Hongrie, de Pologne, de Roumanie, de Tchécoslovaquie et de Yougoslavie,
auxquels s'ajoutaient ceux de France et d'Italie. Privilège qui n'est pas sans signification.

Cette soumission à l'Union soviétique du
P.C.F., que nul n'ignorait au printemps 1947
avant qu'elle ne s'officialisât à l'automne, n'a
pas empêché le socialiste Paul Ramadier, premier président du conseil de la IVe République
présidée par le socialiste Vincent Auriol, de confier aussitôt au communiste François Billoux le
portefeuille-clef de la défense nationale, à l'effa-
rement navré, non seulement des conservateurs
et autres réactionnaires, mais de l'ensemble de
la base de la S.F.I.O., encore et pour longtemps
anti-communiste jusque dans sa moelle, et que
l'idée seule d'un programme commun aurait, à
l'époque, fait voir... rouge.

Or cette décision, d'autant plus surprenante
qu'elle est le fait de deux socialistes anti-com-
munistes notoires, intervient au moment même
où les nuages de la tempête s'amoncellent entre
l'Est et l'Ouest. Ouverte au mois de mars 1947,
la conférence de Moscou où doivent être déter-
minées les réparations à réclamer à l'Allemagne, montre, dès avant sa clôture du mois suivant et du fait de l'intransigeante avidité de
Staline comme de son mépris des droits de la
France, qu'elle se soldera par un échec. Qui,
sanctionné par le refus du Plan Marshall par

l'URSS au mois de juin — refus que Moscou imposera à tous les pays de l'Est — ouvrira la guerre froide, avec le blocus de Berlin (juin 1948-juin 1949), la guerre de Corée (juin 1950-juillet 1953), l'érection du mur de Berlin (août 1961) et l'essai d'implantation à Cuba des fusées soviétiques dirigées sur le cœur des Etats-Unis (octobre 1962). Echec qui mettra également fin au tripartisme (P.C., S.F.I.O., M.R.P.) dans le gouvernement de la France.

Le 5 mai 1947, pas très légalement au reste et par décret, Paul Ramadier renverra ses ministres communistes. En réponse du berger à la bergère, le P.C., toujours soucieux des intérêts primordiaux de la France qui, encore soumise à des restrictions éprouvantes, tente difficultueusement de remettre sa modeste industrie en marche et de recouvrer un fragile équilibre économique, déclenchera aussitôt et jusqu'à la fin de l'année, une série de grèves. Elles revêtiront bientôt une telle extension et un caractère si nettement insurrectionnel que le président du conseil et Jules Moch, son ministre socialiste de l'intérieur, se résoudront à faire donner les blindés de l'armée, à Clermont-Ferrand.

En Europe de l'Est, les communistes ne chôment guère non plus. Appuyés sur l'armée soviétique, conseillés par les émissaires du Kominform, ils sont en train de s'emparer, par la force ou la coquinerie, des gouvernements des pays qu'ils ne dirigent pas encore solitairement. La Bulgarie est devenue république populaire au mois de juin 1947. La Hongrie mettra deux ans

35

de plus à virer. La Pologne, pour sa part, a déjà été dotée par Staline d'un Comité de Lublin en 1944, devenu gouvernement provisoire en janvier 1945. La Tchécoslovaquie subira le Coup de Prague en février 1948. La Roumanie passera au rouge vif deux mois plus tard, en avril 1948. Seule avec la petite Albanie, la Yougoslavie est devenue communiste par légitime volonté du peuple dès 1945, après l'héroïque résistance menée par des chefs communistes.

Certes la Yougoslavie parviendra à rompre ses chaînes en juin 1948. Mais elle n'échappera aux chars soviétiques de Berlin (juin 1953), de Budapest (novembre 1956) et de Prague (août 1968), que grâce à sa position géographique, à sa configuration montagneuse si propice à la résistance et si peu aux manœuvres de blindés, comme à la détermination évidente de son peuple de renouveler pour le bénéfice de l'Armée rouge la leçon infligée à la Wehrmacht. Les mêmes raisons feront fermer les yeux à Moscou sur la scission, en 1961, de l'Albanie, par ailleurs sujet trop négligeable pour faire sortir de l'eau le caïman. Quant aux Polonais, ils n'échapperont aux canons des tanks frères durant l'Octobre 1956, qu'en menaçant dans leur vie même MM. Khrouchtchev, Molotov, Kaganovitch et Mikoyan, venus imprudemment se jeter de conserve dans la gueule du loup varsovien et gentiment cernés dans l'immeuble du comité central par une foule pas précisément amicale ni débonnaire.

Sans doute la France pouvait-elle s'imaginer

protégée par le partage de Yalta et l'extrême in-
féodation d'alors de son parti communiste à
Moscou. Mais un changement de conjoncture
politique, à l'intérieur du pays, pouvait incliner
Staline à réviser sa position et à laisser le P.C.F.
risquer une prise de pouvoir, quitte à le désa-
vouer et à le laisser se débrouiller en cas d'échec.
L'exemple de la Chine de 1927 était probant.

Et l'hypothèse d'un déferlement de l'Armée
rouge sur l'Europe occidentale hantait les
esprits.

Or Malraux donne dès lors ce qu'il appelle
une priorité absolue à cette France à qui il sait
maintenant son appartenance. Ce n'est pas qu'il
ait, en quoi que ce soit, renoncé à sa lutte pour
la dignité humaine, fondement de son approche
de la vie. Mais ce combat ne lui apparaît plus
soutenu par ceux qui s'en proclament les seuls
fidèles sinon les initiateurs. En outre, la guerre,
et peut-être d'abord celle menée par la Russie
— bien plus que par l'Union soviétique — lui a
montré que ce n'est pas sur un internationalis-
me abstrait, mais sur les nations bâties grâce
au sacrifice des hommes, que repose, dira-t-il, le
destin historique des peuples. Pour lui, le grand
phénomène du xxᵉ siècle sera, justement, celui
des nations, alors qu'on le croyait à bout de
souffle après l'éclosion du xixᵉ. Les années qui
suivront prouveront la pertinence de ses vues.
Peut-être l'avenir montrera-t-il également qu'il
avait raison lorsque, dans les années 70, il pré-
dira que le xxiᵉ siècle serait religieux ou ne serait pas.

Mais pourquoi Malraux refuse-t-il alors de s'expliquer, choisit-il de se laisser insulter sans répondre par ses anciens compagnons de route de la lutte anti-fasciste. Tandis que, dans le même temps, la droite vichyste accable de quolibets celui qu'elle nomme le transfuge, ancien membre, selon elle, du P.C., pour conclure qu'il est normal qu'il s'acoquine avec de Gaulle, responsable d'avoir ramené les communistes au pouvoir. Cela, bien entendu, avant que les rancœurs enfouies au fond de la poche (à sous), elle ne se rallie, de fait sinon de cœur, au rempart étoilé dressé entre elle et l'hydre communiste, quitte à lui envoyer, en 1969, le coup de pied de l'âne lorsqu'elle le jugera devenu inutile, sinon dangereux, puisque, de Rome, celui que le général avait cru son continuateur, épaulé par un brillant ex-ministre des finances se proposait innocemment à la succession.

Silence exigé, chez Malraux, par sa propension à croire que ce qui lui était clair et connu devait nécessairement l'être pour les autres. Approche fondée sur la considération de l'autre et non point attitude de dédain comme beaucoup l'ont cru. Apparemment il ne lui venait jamais à l'esprit que l'on pût ne pas être aussi familier que lui des centaines de milliers de fiches emmagasinées dans son ordinateur personnel, et aussi capable d'en tirer des conclusions identiques.

Ministre de la culture, combien de quiproquos et d'incompréhensions ne découlèrent pas de cette barre placée trop haut. Ainsi en allat-il de son affirmation fameuse selon quoi le mot de province était hideux. En aucun cas, cela va de soi, Malraux n'avait entendu qualifier la province de hideuse, comme s'entêtèrent à le répéter les journaux, de province en particulier, cela va encore plus de soi. Devant ce tollé, stupéfaction de Malraux pour qui tout le monde devait se souvenir que Rome nommait provinces ses colonies à l'étranger.

Silence voulu par sa pudeur, ensuite. Rarement écrivain est demeuré plus réservé quant à son misérable petit tas de secrets, comme il qualifiait la démarche individuelle. Ses *Antimémoires* en sont une évidente illustration. Capable de mentir avec allégresse ou, plus utilement, de laisser s'enfler à son propos, par ses silences dirigés, des légendes flatteuses, il répugnait à s'exposer dépouillé de ses atours. Pour lui, l'homme était ce qu'il faisait, ce qu'il apportait au monde. A celui-ci d'en tirer fruit.

★

Que Malraux n'ait pas jugé utile de participer autrement qu'à titre de référence ou de conseiller lointain à la préparation du R.P.F. ne saurait surprendre. Il n'a jamais montré d'attirance ou de dispositions particulières pour l'ombre et le secret. Russe du XIXᵉ siècle ou du début du XXᵉ, il n'est pas douteux qu'il eût volontiers lancé une bombe sur le carrosse du tsar, mais se serait sans doute refusé aux misérables préparatifs de fabrication de l'engin et d'obtention des nécessaires renseignements tactiques. De quoi s'agit-il, eût-il déclaré, de lancer une bombe. Alors, soyons sérieux, qu'elle soit lançable, et je m'en charge. Pour le reste, à vous de jouer.

C'est une attitude à peu près semblable qu'il adopta dans les débuts de l'occupation. Pour un homme qui avait atterri à Madrid trois jours après le début de l'insurrection militaire contre la république, il n'est pas douteux que Malraux rejoignit fort tard la résistance. Et c'est sans doute, précisément, à cause de son expérience espagnole qu'il choisit, dans les toutes premières années 40, de se refuser aux sollicitations diverses. Car son courage physique, nul, même parmi ses plus acharnés ou venimeux détracteurs, en particulier certains de ses anciens compagnons des années du Front populaire, ne le mit jamais en doute. A tel point que lors de son départ manqué pour le Bengla-Desh, en 1971, la question ne semble pas s'être posée dans l'esprit public.

A ceux qui, après la débâcle, s'exerçaient à l'entraîner dans des regroupements qui lui paraissaient frivoles, il répondit en général par, « soyons sérieux, avez-vous des armes. Non. Alors, quand vous en aurez, ce sera à moi de jouer. Pas avant ». Le problème de faire venir ces armes ne parut jamais le concerner.

Le plus étonnant fut que, entrant seulement dans l'action aux premiers jours du printemps 1944, en Dordogne, il parvint, en quelques semaines, à être reconnu pour l'officier interallié qu'il se voulait par presque tous les maquis et les groupes de la région qui ne dépendaient pas directement de Londres et même comme coordonnateur par plusieurs réseaux français et britanniques. Il est vrai que, depuis son installation en Périgord, à la fin de 1942, par l'intermédiaire de son frère Roland, agent du Special Operations Executive britannique (et qui sera arrêté par la Gestapo pour mourir en déportation, alors que son autre frère Claude sera fusillé), il était en contact permanent avec les chargés de mission britanniques et français de la section F du major Buckmaster. Pour ces derniers et dès l'automne 1943, Malraux était devenu une espèce de directeur de conscience, ou plutôt d'action, tout en demeurant à sa table de travail.

Cette promotion surprenante parmi des résistants bien normalement attachés aux prérogatives d'une ancienneté sans rapport avec l'Annuaire cher aux officiers de carrière, mais bien avec des risques de torture et de mort exponentiellement multipliés par chaque nouveau jour de clandestinité, Malraux la dut, certes, au lustre de son action en Espagne, à ses romans de guerre et de révolution qui le faisaient passer, à ses propres yeux et donc à ceux des autres, pour un expert en sabotages, combats de rue, manœuvres de chars et autres attaques aériennes, mais surtout à son magnétisme, à l'ascendant que son esprit foudroyant lui permettait d'imposer à ses interlocuteurs subjugués, éblouis, littéralement envoûtés par la musique incantatoire des fresques échevelées qu'il brossait à propos d'une embuscade dressée sur une route ou d'un container de mitraillettes Sten défoncé à la suite d'une torche de parachute.

Dans *La Reconquête* *, André Chamson, raconte de manière savoureuse comment, au moment de la formation de la brigade Alsace-Lorraine, qui allait s'unir à la 1ʳᵉ Armée de De Lattre, il ne put que s'incliner devant l'autorité de Malraux et se ranger sous les ordres de son vieil ami.

« Tout de suite, avec une certaine solennité, écrit l'académicien, il entre comme on dit, dans le vif du sujet. " Il restait une dernière noble chose à faire... rentrer en Alsace avec les Alsaciens... Tu y as pensé... J'y ai pensé... Il paraît que tu rejoins l'armée de Lattre avec un bataillon... J'ai deux bataillons avec moi... Trois bataillons séparés, c'est de la poussière... Trois bataillons réunis, c'est une brigade. " Je claque les talons, je redresse un peu le buste. — Mon colonel, je suis à tes ordres. »

Il a même été rapporté qu'André Malraux aurait répondu à un émissaire qui venait lui pro-

_____
* Ed. Plon, 1975.

poser d'adhérer à un quelconque mouvement de résistance, « je serai avec vous quand vous aurez des tanks et des avions, pas avant ». Il aurait également assuré qu'il ne participerait à aucune action illégale avant le débarquement. Ces déclarations, qui sont probablement exactes, peuvent choquer. Surtout ceux qui n'ont pas connu l'occupation allemande. Et sans doute davantage encore ceux dont le seul souci fut de s'arranger pour ne pas trop en ressentir les désagréments. D'ailleurs démenties par les faits puisqu'il entra dans l'action directe deux mois avant le 6 juin 1944 — il est vrai que si des tanks n'avaient pas été débarqués des avions, les armes commençaient à en descendre en nombre respectable au bout de leurs coupoles de soie — ces prises de position s'accordent fort bien avec la notion que Malraux avait de l'action. C'est-à-dire armée. Aux buts tactiques et non politiques. Et en pleine lumière. Option qui rejoignait, au reste, les plans des Alliés. En effet, les états-majors jugeaient inutiles, trop risqués pour les résistants et la population et voués à l'échec les actions ouvertes d'envergure et les rassemblements d'importance avant que la plus grande partie de la Wehrmacht ne fût fixée par les armées régulières débarquées. Opinion justifiée dans le sang, aux Glières et au Vercors en particulier. Alors que, au contraire, on estimait hautement positives, à Londres, les opérations armées de désorganisation des arrières de l'ennemi et de retardement de l'acheminement des renforts après l'ouverture du front ouest. Le maquis, a remarqué Malraux, apportait le combat du sous-marin contre le cuirassé.

Le harcèlement de la 2e division SS Panzer, cantonnée à Toulouse, dont l'état-major allemand comptait sur le renfort aussitôt le débarquement et qui ne parvint à rejoindre le gros des forces nazies qu'à Caen, à D + 17 et dans quel piteux état, restera probablement l'une des actions les plus efficaces entreprises par la résistance du Sud-Ouest. Si la Das Reich de triste mémoire, l'une des divisions blindées les mieux équipées et les plus réputées pour sa valeur combative, avait débouché sur les plages normandes au moment où le succès de l'opération Neptune (le débarquement par air et par mer d'Overlord) demeurait encore aléatoire, le sort définitif des armes n'eût sans doute pas été changé. Mais on frémit en pensant ce qu'eût coûté un débarquement recommencé à une date ultérieure, alors que l'Allemagne, non seulement arrivait, très en avance sur les Etats-Unis, à la mise au point des moteurs à réaction, mais les talonnait dans leur recherche sur la maîtrise de l'atome. Or les maquis et les groupes d'action de la Région R 5, dont Malraux était devenu le chef spirituel et qu'il inspira dans leur ensemble — s'il ne les commanda pas directement — prirent une part déterminante dans le harassement de la 2e Panzer. Exaspérés par ces essaims de guêpes qui les tuaient un à un, bloquaient pour des heures leur marche haletante à chaque tournant de route, les tankistes à insigne de tête de mort allaient se venger de la manière que l'on sait, à Tulle et, surtout, à Oradour-sur-Glane.

« De tous ces hommes-là, a affirmé Malraux en parlant des maquisards *, on peut vraiment dire qu'ils ont maintenu la France avec leurs mains nues. Ils n'étaient rien de plus, a-t-il ajouté, que les hommes du *non*, mais le *non* du maquisard obscur collé à la terre pour sa première nuit de mort, suffit à faire de ce pauvre type, le compagnon de Jeanne et d'Antigone... L'esclave dit toujours oui ».

★

Les envolées de son esprit cosmique, son esthétisme, ont accrédité une image d'un Malraux poète dans son quotidien. Autrement dit fantaisiste. Là encore, le comportement réel dément les stéréotypes commodes.

A peine le service de presse et de propagande du R.P.F. eut-il établi ses quartiers au deuxième étage du 19 boulevard des Capucines, dans des bureaux loués à la Swissair, que l'assiduité de Malraux démentit tous les pronostics.

* Discours prononcé à Durestal, en Dordogne, le 13 mai 1972.

Macchi, le chauffeur de sa petite Simca 8 (Malraux n'a jamais su conduire) l'amenait au bureau, tous les matins sauf le dimanche, à 9 h 45. Précision qui, je dois le reconnaître, m'arrangeait grandement. Pour venir de Boulogne, Macchi empruntait le quai de New York. Comme j'habitais le seul immeuble de l'avenue Albert-de-Mun, devant les jardins du Trocadéro — curieusement à l'endroit précis où je m'étais fait descendre par la Gestapo le 21 mars 1944 (le jour même, d'ailleurs, où Roland Malraux se faisait arrêter en Dordogne) — si j'étais en retard ou si je n'avais plus d'argent pour m'offrir l'autobus, je suivais la Seine en surveillant le modeste trafic de l'époque. De son côté, Macchi scrutait les rares passants. M'apercevait-il, il se rangeait le long des platanes du quai de Seine. Les bonjour-André-ça-va-Brigitte échangés, sauf exception, Malraux se replongeait dans la presse du matin. Il ne devait pas se lever aux aurores pour lire les journaux. Il travaillait, en effet, une grande partie de la nuit à sa *Psychologie de l'Art* dont, tous les matins, il apportait à sa secrétaire des pages entières raturées, striées du bleu de sa petite écriture fine, des brouillons dactylographiés recorrigés, des phrases isolées aussi, qu'il insérait lui-même dans son texte à l'aide de ses ciseaux et de son pot de colle (le papier collant plastifié n'était pas encore inventé) aussi indispensables à sa création que son stylo.

Souvent, après que j'en avais refusé l'offre, il allumait une cigarette Week-end, tirée de son cartonnage bleu marine, à son Dupont en or et laque de Chine. A chaque proposition, je m'étonnais que Malraux, certainement pas par mesure d'économie ou chauvinisme, eût adopté ces blondasses faussement britanniques qui m'écœuraient et qui seyaient si mal à son personnage. Il est vrai qu'il n'avalait pas la fumée et que, plus tard, après une longue période d'abstinence, il se mit aux Gitanes. Lorsque la flamme d'essence de son briquet montrait des signes de tristesse, « à vous de jouer », commentait-il en me le remettant. Pour des raisons qui m'échappent aujourd'hui, peut-être parce qu'un jour je l'avais dépanné, Malraux m'avait instaurée Grande Briquetière, avec privilège absolu.

Parfois aussi, entre *Le Figaro* et *Libération*, mais toujours sérieux, « votre fiancé, me lançait-il, vous embrasse », ou bien, « vous remercie de vos timbres ». Mon fiancé, c'était Alain, son neveu en même temps que beau-fils, puisque Malraux devait épouser, en 1948, Madeleine Lioux, la ravissante veuve de son frère Roland, admirable pianiste avec qui il vivait depuis la fin de la guerre, situation trop en marge pour ne pas choquer Mme de Gaulle et même être désagréable au général. Alain était un adorable petit garçon aux cheveux noirs et aux yeux gris de la facture Malraux qui, un jour que sa mère l'avait amené boulevard des Capucines, le nez à la hauteur de mon bureau, m'avait — avec le sérieux Malraux — demandée en mariage pour quand il serait grand. Ce qui avait ravi son presque père qui, avec ponctualité et gravité, s'acquittait de son rôle de confident, transmettait messages et enveloppes de timbres qu'il me réclamait régulièrement pour l'enfant.

A 15 h 15 au plus tard, Malraux ralliait le bureau, retour de Boulogne, parfois d'un déjeuner politique ou d'un repas pris avec un de ses collaborateurs. Nous organisions aussi, de temps à autre, des déjeuners de service. Nous nous y retrouvions à quelques-uns autour de lui, Diomède Catroux, son adjoint, Tristan Catroux, patron des réunions du R.P.F., son secrétaire particulier, nos chargés de mission, Georges-Noël Loubet, Pierre Juillet, André Astoux, Jacques Bruneau, lorsqu'ils étaient de passage à Paris, ou Nellita Mac Nullty et Alice Staat, bientôt dévouées à la presse étrangère. Et, en principe, devant le coq au vin, que Malraux affectionnait, d'un bistrot de Bercy baptisé par nos soins Le Chavignolles pour l'excellence de ce cru.

Nous y parlions peu boutique, comme l'on dit. Mais politique. Durant les prémices, tout au moins. Et bien vite, s'insinuait l'enchantement. A propos de tel incident de politique intérieure, de telle nouvelle internationale, Malraux s'envolait, non dans des souvenirs personnels, dont il était avare, mais dans des rappels historiques qui pouvaient remonter aux Suménriens ou aux événements auxquels il avait été mêlé. Peuplée par son avidité intellectuelle, sa mémoire prodigieuse lui permettait de citer ou de comparer des cartouches de Babylone et des inscriptions pré-colombiennes, tel passage d'Homère, de Sophocle, de Salluste ou de saint Augustin, telle pensée de Spinoza, de saint Thomas d'Aquin, de Paracelse ou de Lao-Tseu, un poème japonais du XIIe siècle ou une saga islandaise. Le Bouddha, Mahomet, Confucius, Civa, le Walhalla, l'Olympe lui étaient aussi familiers que le Christ et son paradis meublé de saints enfantés par les peintres et les sculpteurs les plus confidentiels de l'Europe de l'Atlantique à l'Oural et aux visages plus présents que ceux de son chauffeur ou de sa femme de chambre. Il ponctuait ses récits d'allusions souvent ésotériques (à vous de vous y retrouver, la tête vous en tournait), d'historiettes, véridiques ou imaginaires, qu'importait, elles étaient étonnantes, parfois comiques. Et alors, de gaieté, tout son visage devant quoi s'agitaient ses mains, ondoyant comme ces fleurs sous-marines que pulsent les courants, se dessinait en forme de V.

Avait-il inventé, ou plutôt embelli — à moins qu'elle ne retraçât la stricte réalité, comment savoir avec Malraux — cette anecdote selon quoi, à Moscou, en 1934, il aurait appris à quelques barines bolcheviques à joindre les mains, abaisser les médiums puis, les deux paumes tournées en sens contraire, à agiter les deux doigts (il joignait le geste à la parole), amusement enfantin qui, assurait-il, aurait remporté un tel succès parmi les grands-ducs rouges que, à une réunion d'un comité central quelconque, un de ses lieutenants aurait surpris Staline à s'y essayer, sous la table.

Que Malraux consacrât une partie de son temps, au bureau, à suivre pas à pas l'impression de sa *Psychologie de l'Art*, nous donnait la chance de le suivre — de tenter de le suivre, du moins — dans ses voyages extraordinaires à travers les images que les hommes, des Nouvelles-Hébrides à la Laponie, de la Corée au Mexique, s'étaient forgées d'eux-mêmes et de leurs dieux. Il arrivait qu'il vous appelât au téléphone d'un, « pouvez-vous venir » bref — à moins qu'il ne passât la tête à la porte de votre bureau — et on le trouvait debout, le coude droit soutenu dans la paume gauche, le visage à moitié enfoui dans la main aux doigts pour partie repliés, en contemplation devant trente clichés soigneusement étalés sur la moquette. Certes, s'il vous demandait votre avis — ô combien non autorisé — ce n'était là que l'occasion de lui permettre de mieux réfléchir à son option. Pourtant, lorsque fut décidée la grande campagne d'affichage du R.P.F., doublée de celle que nous appelâmes du timbre, fondées sur la reproduction de la *Marseillaise* de Rude — qui devait être une véritable œuvre d'art — ce fut solennellement qu'il nous appela tous, un à un, dans son bureau, d'abord pour le choix de la sculpture, ensuite pour celui de son cadrage, puis de ses tons.

Car il n'était pas l'homme des concertations profuses, mais des dialogues avec un, parfois deux, rarement trois interlocuteurs. Sans doute parce qu'ainsi il lui était plus aisé d'en faire sourdre la réaction authentique en place de celle voulue par les rapports sociaux. C'était l'humain dans son noyau qui l'intéressait, et non point le personnage convenu.

Cette approche différenciée des êtres — et donc de ses collaborateurs — l'entraînait à charger les uns ou les autres de missions qui n'avaient que peu de rapports avec leurs attributions théoriques. Au terme de la première entrevue matinale de la journée, il vous remettait d'étroites lamelles de papier. Ces bouts de note s'étalaient sur son bureau, par petits paquets classés sous l'intitulé d'un nom de famille ou d'un prénom, selon des critères obscurs mais jamais transgressés. Son secrétaire particulier, pourtant son plus ancien et intime collaborateur, y était toujours désigné, comme dans la conversation, par son patronyme. De même en était-il de son futur directeur de cabinet de 1958, Georges-Noël Loubet, alors que les frères Catroux ou moi étions identifiés par nos prénoms ou que Geneviève Mauger avait droit à un G. Mauger. Dans ces courts pense-bête, il vous donnait des instructions laconiques qui empiétaient souvent sur le domaine réservé du voisin. Non par esprit brouillon, mais parce qu'il estimait que, par tempérament ou relations personnelles, vous étiez le plus apte à régler ce problème précis.

Dans une équipe moins amicale ou moins soudée, des problèmes de rivalité eussent pu surgir. L'entourage des grands hommes, dont la faveur vous glorifie, est souvent le lieu de luttes féroces. L'enthousiasme qui électrisait notre combat, l'affection émerveillée que nous portions à notre patron, notre relative jeunesse sans calcul aussi, les empêchaient de poindre. Et peut-être également le fait que nous ne profitions d'aucune apparence ou réputation de pouvoir. Car deux lustres plus tard, lorsque certains d'entre nous furent propulsés à la suite de Malraux dans les allées du gouvernement, elles éclatèrent avec âpreté.

Mais nous n'en étions pas là — heureusement sur le plan des amitiés — en cette fin des années 40. Nous ahanions tous encore du même souffle entre les brancards.

Malraux ne quittait guère le boulevard des Capucines qu'à 20 heures ou 20 h 30. Et nous pas avant, bien sûr ; nous en faisions un point d'honneur. Saluer les copains avant 19 heures bien sonnées, le samedi soir, si vous aviez accepté ce que nous appelions sans rire un week-end, touchait à l'incongruité et vous attirait un regard lourd de réprobation navrée. Si bien que, faute de moyens de locomotion personnels — on était loin de la voiture pour tous à l'époque et l'on s'habillait davantage qu'aujourd'hui — il fallait se changer à l'heure du déjeuner ou, si celui-ci était retenu, arriver dès l'aube pomponné pour les chandelles.

Esclavage ? Peut-être, pour un regard étranger. Et certes pas adouci par des compensations pécuniaires puisque, pour la plupart, nous n'étions pas même indemnisés, à nous de dénicher des entreprises amies pour nous entretenir, avec une générosité souvent discutable. Mais le propos n'était pas notre bien-être. Ni même notre avenir. Mais bien celui de notre pays. Et si, en cas de victoire, certains espéraient sans doute être récompensés ou, tout au moins, rétablis dans leur situation, presque tous, parmi ceux chargés des missions les plus importantes, avaient abandonné leur métier ou même démissionné de la fonction publique, de l'armée, de la marine, parfois en dépit de la charge de familles déjà constituées. C'est peut-être ce dévouement, absolument désintéressé, je puis en porter témoignage — car diable, l'entreprise était aventureuse — à une cause, d'abord, et bien entendu à son symbole, le général de Gaulle, mais aussi à notre patron, qui forgea cet étonnant esprit des Capucines, si proche de la fraternité de guerre et à quoi Malraux demeura si fortement attaché. A l'origine du moins, et son secrétariat particulier mis à part, ne nous étions-nous pas tous battus pour la libération de notre pays.

Une réflexion de Malraux, dix ans plus tard, devait me faire sonder la profondeur de l'affectivité qu'il avait investie dans ce travail d'équipe. C'était à la fin de cette période que l'on a appelée la traversée du désert, peu avant que l'assemblée nationale, terrifiée par l'incapacité de son délégué le pouvoir exécutif (?) à enrayer l'invasion des parachutistes d'Algérie qui se préparait, n'appelât Charles de Gaulle aux fonctions de président du conseil le 1er juin 1958.

Après le triomphe rencontré aux élections

municipales du 20 octobre 1947 — durant la grande peur des grèves insurrectionnelles de l'automne conduites par les communistes — où il avait obtenu près de 40 % des voix, les mairies des treize plus grandes villes de France et la majorité absolue à Paris, le R.P.F. avait en effet subi l'immense déconvenue des élections législatives du 17 juin 1951, lorsqu'il n'avait recueilli que 21,6 % des suffrages exprimés. Il est vrai que, si le mode de scrutin de 1946 avait encore été en vigueur, le Rassemblement eût joui de 144 sièges à l'assemblée nationale. Mais, entre-temps, le coup de génie de la loi des apparentements * avait jailli — du cerveau fertile de M. Edgar Faure, prétendit-on. Seuls 118 gaullistes ** avaient vu les portes du Palais-Bourbon s'ouvrir devant eux, alors que les observateurs s'accordaient à estimer que, moins intransigeant et ayant accepté de jouer le jeu de cette coquinerie, de Gaulle y aurait envoyé plus de 200 représentants.

Amertume, règlements de comptes, divergences d'opinion quant à la nouvelle tactique à adopter avaient lézardé sans recours le Rassem-

---

* Selon laquelle, si deux ou plusieurs listes s'apparentaient dans un département et obtenaient la majorité absolue, la totalité des sièges attribués au département leur revenait.

** Sur 627 parlementaires, la nouvelle assemblée comprenait 103 communistes, 118 gaullistes, 104 socialistes, 85 républicains populaires, 94 radicaux et apparentés, 25 indépendants d'outremer et 98 droite classique.

blement, fragile parce qu'il en était un, et cassé son allant. Le 6 mai 1953, de Gaulle avait remis à la presse une déclaration, sorte d'adieu à la scène politique, ou plutôt d'au-revoir. Car, à la re-lecture, cette note sent son Nostradamus *. Et, statue du commandeur, regardant, comme il l'écrit, l'horizon de la terre ou l'immensité du ciel, le général avait attendu à Colombey que ce qu'il avait prédit advînt.

Si ce n'était pas encore advenu, le bouillon était déjà au feu. J'étais allée rendre visite à Malraux pour le mettre au courant de mes projets de mariage. Nous prenions un verre dans l'immense pièce, haute et claire comme un atelier de peintre, dont sa table de travail occupait, à gauche de l'entrée, devant la bibliothèque, un angle proche d'une fenêtre et le grand piano de concert de Madeleine, sa femme, l'autre bout. Dans le soleil de cette fin d'après-midi, nous buvions du cognac-soda, je m'en souviens, la bouteille de whisky n'avait pas été renouvelée. Cognac-soda, cette boisson devenue inusitée en France m'avait rappelé mes années de correspondance de guerre en Indochine quand, après le 17 juin 1951 précisément, j'avais décidé de ne plus sacrifier mes aspirations personnelles à ce

---

* « Ainsi, l'effort que je mène depuis la guerre (...) n'a pu jusqu'ici, aboutir (...). Elle (l'occasion d'un regroupement) peut venir, aussi, d'un sursaut de l'opinion qui, sous l'empire de l'inquiétude, amènerait les Français à s'unir et le régime à se transformer. Mais elle risque, hélas ! de se présenter sous forme d'une grave secousse, dans laquelle, une fois de plus, la loi suprême serait le salut de la patrie et de l'Etat. (...) »

que nous estimions le sauvetage d'un pays qui aspirait, pour sa part, à se noyer. Nous épiloguions donc une nouvelle fois sur le problème indochinois et Malraux me questionnait encore sur notre défaite de Dien Bien Phu quand, tout à trac, à peine écoulé le temps d'un tic, « et si nous étions encore aux Capucines, m'interrogea-t-il, auriez-vous songé à vous marier ».

★

A peine nous étions-nous installés boulevard des Capucines que, l'été venu et l'événement (politique, pas saisonnier) n'ayant pas été prévu par son secrétariat, Malraux allait se trouver pour deux ou trois semaines, privé de son secrétaire-ami-confident-intendant en même temps que de sa sténotypiste.

Pourriez-vous m'aider durant cette absence, m'avait demandé Malraux. L'aider, certes, avec la plus grande joie. Mais comment. Je ne connaissais rien aux problèmes des couleurs des clichés qu'il ne cessait de faire corriger par Skira, son éditeur de *La Psychologie de l'Art* dont la mise en page était en route. J'ignorais tout de quelque sténo que ce fût, graphique ou mécanique. Je ne savais même pas taper à la machine. Pourtant, il paraît que c'est vous qui avez dactylographié le discours de Bayeux, me fit remarquer Malraux. (A moins que ce ne soit celui de Bruneval, à ma grande honte je ne me souviens plus, je tiens pour Bruneval ; Jacques Foccart, qui m'avait demandé ce service, car il fallait que le secret fût strictement conservé, pour Bayeux). Certes, j'avais frappé un de ces discours capitaux qui, pour le premier, le 16 juin 1946, exposait les vues de De Gaulle sur la forme de gouvernement qu'il souhaitait pour la France, le second le 30 mars 1947, annonçait en pointillés son retour à la vie politique. Mais avec deux doigts, technique rudimentaire que j'avais exercée sur ma machine Mercedes parachutée durant la clandestinité pour que soient aisément déchiffrables par nos radios les groupes de cinq lettres des télégrammes du bloc ouest de mon réseau, que je codais à l'intention de Londres. Et combien d'heures d'opiniâtreté, de corbeilles bourrées de feuillets gâchés, ce discours, quel qu'il fût, ne m'avait-il pas coûtées. Car, point n'avait été question de présenter au général des feuillets entachés de la moindre faute de frappe. Ça n'a pas d'importance, avait tranché Malraux, on s'arrangera.

Si la postérité doit ignorer à jamais auquel des deux discours historiques du général de Gaulle j'apportai mon éminente participation, ma mémoire conserve avec acuité le souvenir du premier jour de mon intronisation comme secrétaire intérimaire de Malraux. Parce que je ressentis l'impression d'être un pauvre bouchon de liège pris dans un maëlstrom.

Malraux, qui avait, je l'ai souligné, la fâcheuse habitude de croire que ses interlocuteurs étaient aussi intelligents que lui et jouissaient de la même culture encyclopédique, emporté par son sujet ou plutôt ses sujets, avait oublié, de plus, que je me trouvais fort peu au courant des problèmes de l'édition en général, de la reproduction photographique en particulier et, en couleur, plus précisément.

En ce qui concernait sa *Psychologie de l'Art*, la conversation avait donné à peu près ceci, « pour le Saint-Augustin, le rose manque de luminosité, vous demanderez à Skira de refaire un cliché, le reflet du bleu du ciel dans le Pont de Narni vole bas, à revoir, vous ferez reprendre leurs places initiales au Picasso et à l'idole sumérienne, pour Taillebourg, à quoi joue-t-on », etc. Le rose de quel Saint-Augustin, le Pont de Narni, c'était de qui, et Taillebourg, c'était quoi... Je griffonnais des notes et des notes, d'ailleurs illisibles, ça allait trop vite, affolée à l'idée que des heures de recherches ne me suffiraient pas pour décoder ces messages plus sibyllins que ceux que je recevais naguère de Londres, OMPUZ, XCATK, BIERV, SDJGN etc., me rattrapant heureusement aux branches, pour une minute, quand il s'agissait de téléphoner à Soustelle que Malraux était d'accord pour le déjeuner du tant avec Untel, à Albert Ollivier ou à Louis Vallon que ceci ou cela, replongeant dans les affres au doré de l'Evangéliaire, lequel ?, ou au brun du fond de Duret, que je ne connaissais que sous forme de rue. Le tout entrecoupé de phrases-symboles dont la signification ne m'apparaissait pas encore clairement, où il était question d'oiseaux, de poissons, de crocodiles, qui de préférence volaient à des hauteurs diverses, d'eaux sujettes à des crues et des décrues, le tout agrémenté d'une dizaine de petites notes — cadeaux hermétiques — écrites sur des bouts de papier.

La tempête apaisée, « vous avez bien compris », m'avait demandé Malraux. Rien, avais-je avoué, penaude, prête à subir l'agacement du génie irrité par l'incapacité déconcertante d'une idiote génétique, mais préférant néanmoins l'honnêteté à des bourdes irréparables. Et c'est là qu'il était déconcertant. Pas la moindre trace de mauvaise humeur. Un instant d'étonnement. Et l'œil qui pâlissait encore. Et puis, « bon, alors, je recommence ».

Au bout de quelques jours j'appréhendais moins nos petites séances-lessives du matin. J'avais décrypté les phrases codées et avais appris que le Duret était un portrait de Manet et Taillebourg une bataille de Delacroix. Pour ce *Musée Imaginaire*, premier tome de *La Psychologie*, cela se terminerait par une amusante dédicace — pour lire sous la table m'était-il conseillé —, agrémentée d'une charmante souris étonnée. Mais pas autant que je l'avais été, durant ces quelques jours de collaboration, elle aussi évidemment historique, à cet ouvrage. Et

59

où ne figurait pas le décompte des tubes d'aspirine qu'elle m'avait coûtés.

Mes dédicaces de Malraux. Quel florilège elles mériteraient, grâce au nombre de ses ouvrages, mais aussi aux réimpressions diverses. Certaines n'expriment que son amical souvenir ou son amitié (terme toujours employé au singulier comme dans ses formules de fin de lettre). Plus rarement et après le boulevard des Capucines, son affectueuse amitié. Car, tout aussi rarement, homme fût plus pudique dans ses sentiments. D'autres font appel à notre travail du moment telle celle, datée du mois d'août 1949 et inscrite en page de garde de la *Condition humaine* de la série des œuvres complètes publiées par Skira. Y sont mentionnés ceux qui ont « le mérite de savoir qu'on ne fait pas la France avec des farfelus, mais qu'on ne la fait pas non plus sans ». Comme Malraux m'avait dédicacé d'un trait les six ouvrages de cette collection, *La Lutte avec l'Ange,* qui avait dû être le dernier volume à lui tomber sous la main, se trouve affligé d'un, « heureusement que je n'ai pas trop écrit », compensé, il est vrai, par le portrait d'un affreux monstre fort rigolard. D'autres encore évoquent telle circonstance, ainsi en va-t-il de ce rappel « de la place de Rennes — et du reste », qui précède les *Oraisons Funèbres* publié par Gallimard en 1971.

La place de Rennes. Devant la gare Montparnasse, Malraux y avait prononcé un admirable discours, le 24 août 1958, à peine trois mois donc après le retour au pouvoir du général de Gaulle et pour le quatorzième anniversaire de la libération de Paris. J'avais repris auprès de Malraux mon poste d'attachée de presse alors qu'il était devenu ministre d'Etat, chargé de l'information. Il m'avait demandé de lui établir une note à propos de ce que j'avais ressenti, en apprenant cette libération, du fin fond de la Tchécoslovaquie où je goûtais aux joies des camps de concentration. Deux jours plus tard, il m'avait convoquée dans son bureau, toute affaire cessante. J'y déboulai. Ecoutez, m'avait-il proposé. Et il avait lu, « Alors, dans tous les bagnes depuis la Forêt Noire jusqu'à la Baltique, l'immense cortège des ombres qui survivaient encore se leva sur ses jambes flageolantes. Et le peuple de ceux dont la technique concentrationnaire avait tenté de faire des esclaves parce qu'ils avaient été parfois des héros, le peuple dérisoire des tondus et des rayés, *notre* peuple ! pas encore délivré, encore en face de la mort, ressentit que même s'il ne devait jamais revoir la France, il mourrait avec une âme de vainqueur ».

Pour son dernier membre de phrase, Malraux avait repris, presque mot pour mot, ce que je lui avais écrit, mais quel souffle n'y avait-il pas ajouté en remodelant mon texte. Qu'en pensezvous, m'avait-il demandé en levant les yeux et remontant à mi-front ses lunettes à lourdes montures d'écaille. Croyez-vous que. Mais il s'était tu, arrêté par les larmes qu'il m'avait vue essayer de retenir. Incapable de répondre et de peur d'éclater en sanglots grotesques, j'avais fui sans une parole d'excuse, me heurtant, à la porte du bureau, à sa femme qui venait le chercher pour déjeuner. Le lendemain après-midi, j'avais trouvé sur ma table de travail, le mince carton carré couleur terre de Sienne qui annonçait un foulard d'Hermès. Sur la carte, Madeleine Malraux avait simplement écrit, « de la part d'André ».

Il n'en reste pas moins que la plus belle dédicace que je reçus de Malraux fut celle qu'il inscrivit sur la page de garde de ses *Antimémoires*, à l'automne 67, alors que je sévissais à la télévision comme grand reporter. Elle ne compte pas parmi les plus étoffées. Au-dessus de sa signature, il avait seulement marqué à mon intention, « son collaborateur et ami ».

Malraux mon collaborateur ? André veut déjeuner avec toi demain, es-tu libre, m'avait demandé deux ans plus tôt au téléphone, sa secrétaire, qui avait suivi Malraux aux Affaires culturelles et continuait à l'appeler André en l'évoquant avec les anciens des Capucines, tout en lui donnant, bien évidemment, du Monsieur en s'adressant à lui. Car, contrairement à ce qu'assure mon ami Jean Lacouture dans son excellente étude *, les secrétaires du boulevard des Capucines n'interpellaient pas Malraux par son

* Op. cité.

62

prénom si, en revanche tous ces proches collaborateurs, du moins ceux du noyau originel qui
jouissaient tous du privilège de la fraternité de
la guerre, en usaient ainsi. J'étais libre, bien sûr,
quitte à décommander le roi de Prusse, ce que
je fis, bien qu'il ne s'agît que de l'élu. Alors,
comme d'habitude, 13 h 15 chez Lasserre, avait
conclu Madeleine Caglione.

Jamais plus je n'accepterai de m'asseoir à
cette table, à gauche en entrant dans le restaurant, sous la balustrade, le roi de Prusse m'y in-
viterait-il. Pour moi, elle demeurera à jamais la
table de Malraux, dont une longue théorie de
minuscules casseroles-cadeaux en porcelaine
fleurie, éparpillées dans un tiroir à couverts,
me rappelle les haltes éblouies que j'y ai faites.

C'était là le début d'une série de déjeuners au
cours de quoi, sur sa demande, j'avais entrepris
d'expliquer à Malraux, qui voulait les évoquer
dans ses *Antimémoires,* ce qu'avait été, non l'apparence, mais la réalité profonde des camps de
concentration allemands.

Tentative qui ne manquait pas de piquant
dans le décor de surtouts d'argent, de cristaux
et de fleurs du restaurant parisien, entre une
sauce au whisky et un verre de Haut-Brion. Entreprise de toute façon quasi insurmontable, car
comment décrire l'enfer. En en sortant et à la
re-lecture, celui de Dante m'avait semblé non
pas enfantin mais extérieur et fait sourire. On
peut dire le froid, la peur, la faim, la fatigue,
les poux, la dysenterie, l'angoisse, les monceaux
de cadavres et celui sur quoi l'on s'assied pour

dérober un instant de repos, îlot au milieu d'un océan de neige ou de boue, l'espoir dans la désespérance et l'humiliation cultivée comme un huitième art. Mais comment les faire sentir alors que la faim, la vraie, la faim biologique qui dissout le cerveau aussi bien que les muscles, qui provoque des rêves de festin chaque nuit renouvelés et, le jour, des hallucinations qui vous font prendre la planche pour un pain et un bout de ferraille pour une barre de chocolat, nul ne l'a mesurée s'il ne l'a pas subie, et des mois, d'interminables mois durant. Alors que le froid n'est qu'anecdote si l'on sait que, à proche échéance, un feu, une couverture sèche, une maison douillette, vont en venir à bout et que, durant la chaleur de l'été, vous ne parvenez pas à imaginer sur votre peau la température de l'hiver, fût-il le cinquantième ou le soixantième. Alors que vous ne savez plus l'acuité d'une douleur et êtes incapable de la décrire à peine en êtes-vous débarrassé. Curieusement, l'humiliation, le désespoir, la peur, l'angoisse sont plus faciles à communiquer. Les sentiments sont davantage perceptibles aux autres que les sensations, peut-être parce que les mots y sont plus adaptés.

A cette époque, je n'avais pas encore tenté d'écrire le récit qui devait être publié cinq ans plus tard, sous le titre de *Regarde-Toi Qui Meurs*. Néanmoins, dès mon retour de déportation, afin que le temps ne les déformât pas, j'avais consigné mes souvenirs de prison, des camps de Ravensbrück, de Zwodau et, entre les troupes soviétiques et américaines convergentes au printemps 1945, les trois semaines d'hallucinante marche à pied en colonne de ces ombres défigurées qu'évoque Malraux, encadrées par les S.S. rendus fous par la défaite qui approchait, et dont moins d'une sur dix survivait encore lorsque j'avais réussi à m'évader.

Je n'avais jusqu'alors exhumé ce document que quinze ans plus tôt pour le profit d'Arthur Koestler qui me l'avait réclamé. D'accord, avais-je accepté, mais à condition que tu ne le montres à personne. Pourquoi, s'était étonné Koestler. Tant de souvenirs de déportation avaient déjà été publiés que j'en avais la nausée, d'autant que, me semblait-il, aucun d'entre eux ne parvenait à faire saisir la réalité des camps. Pourquoi aurais-je réussi là où les autres avaient échoué. Au reste, le manuscrit était encore informe. Quelques semaines passées, à chaque demande de retour, Koestler se dérobait. Un jour, il m'avoua, « écoute, tu es stupide, tu tiens là un excellent bouquin, alors je l'ai porté à mon éditeur ». La rage m'avait prise et je m'étais ruée chez Calmann-Lévy afin de récupérer mon bien pour l'enfouir à nouveau.

Mais Malraux ne prétendait pas en faire le même usage. Il négligerait le côté brut du matériau pour n'en tirer que la vérité d'un témoignage presque pris sur le vif. En effet, sauf dans les dernières semaines, lorsque mes mains roidies d'eau par un cœur en débandade à l'insuffisance parachevée par un œdème de carence ne me permettaient plus d'écrire, j'étais parve-

65

nue à gribouiller des notes sommaires mais précises, sur la prison comme sur le camp. Grâce à un morceau de crayon, long de deux centimètres, aminci des trois quarts de sa gangue de bois, découvert à Fresnes dans une rainure du plancher de chêne de ma cellule solitaire des prisonniers mis au secret et que j'avais soustrait à toutes les fouilles, y compris celles de Romainville et de l'entrée à Ravensbrück, puis au moyen de bouts de mine récupérés çà et là par mes camarades de camp, j'étais parvenue à les consigner sur de minuscules morceaux de papier trouvés entre les blocks ou à l'usine par les unes ou les autres, avant de les entreposer dans les ourlets de ma robe et de ma veste de fibrane rayées de bleu et de gris.

Dès qu'il m'avait entretenue de son projet, j'avais confié le document à Malraux. Une fois encore, il allait me stupéfier, non seulement pour avoir enregistré les plus infimes détails que j'avais oubliés depuis vingt ans, mais par la façon qu'il avait eue, en les commentant, les décortiquant avec moi, de me faire exprimer ce que je n'avais que sous-entendu pour, bien souvent, n'en avoir pas pris une conscience claire. Lui, en revanche, avec l'intuition qui est le propre du génie, avait perçu l'essentiel sous les mots maladroits.

De ces notes, de nos séances de critique systématique, sans doute de conversations avec d'autres déportés, Germaine Tillon, Geneviève de Gaulle probablement, Edmond Michelet aussi, est éclos le chapitre qui couronne ses *Anti-*

mémoires. (Un jour, pour se divertir, évoquant avec Malraux amusé la fiche biographique rédigée par mon éditeur pour la couverture de *Regarde-Toi Qui Meurs*, où il était rappelé que Malraux m'avait choisie pour symboliser les déportées dans ses *Antimémoires*, son ami d'enfance Marcel Brandin lui avait fait remarquer que cela faisait de la publicité à son ouvrage. Selon Brandin, les lecteurs de *Regarde-Toi Qui Meurs* voudraient apprendre ce que Malraux avait écrit de moi. Faut quand même pas pousser, lui avait répondu Malraux.)

Où donc s'est déroulée votre conversation avec Michelet, le républicain espagnol et le Père, que rapporte Malraux, m'ont demandé mes amis. Si c'est chez Lasserre, votre table ne devait pas manquer de piquant. Dans son imagination, ai-je avoué. Ajoutant, devant les mines réprobatrices, soyons sérieux — comme dirait Malraux — elle est ainsi beaucoup plus significative que n'eût été une reproduction exacte. Et qu'importait que Malraux eût modifié, réuni, déplacé des anecdotes, attribué des attitudes, des faits ou des remarques à d'autres. Ce qui compte, c'est que, mieux que nous qui avions connu les camps, il les ait fait percevoir à tant qui n'y avaient vu que des barbelés et des miradors.

Malraux a bien placé dans la bouche de De Gaulle, dans *Les Chênes Qu'on Abat*, une histoire que je lui avais racontée — chez Lasserre, il va de soi — quelques mois plus tôt et qui avait déclenché un de ses rares éclats de rire. Ils

67

y étaient vraiment si mal que ça, dans les camps de concentration, les déportés, s'enquiert un ahuri. Certainement pas, le rassure le second ahuri. A preuve, la plupart y sont restés.

Un jour que je téléphonais à Edmond Michelet au ministère des affaires culturelles où il avait succédé à Malraux après le départ du général de Gaulle (comme il lui avait succédé rue de Solférino, lorsque la lassitude avait pris Malraux, au lendemain des élections de 1951), Brigitte, me demanda Michelet, soyez un cœur et arrangez avec André ce déjeuner que nous n'avons jamais eu tous les trois ensemble. Nous ne le réalisâmes jamais, ce déjeuner. Michelet allait mourir avant qu'une date fût arrêtée.

C'était par Malraux que j'avais connu Koestler que je rencontrais par ailleurs, certaines fins de semaine, près de Fontainebleau, chez nos amis Paul et Betty Winkler.

Ses cadeaux n'étaient pas toujours aussi plaisants. Débarrassez-moi de Bernstein, m'avait-il priée un jour, sinon je vais finir par être désagréable avec lui.

A ce moment-là du boulevard des Capucines,

Henri Bernstein, qui dirigeait alors le Théâtre des Ambassadeurs, exaspérait Malraux par ses coups de téléphone aussi incessants qu'interminables comme par des demandes de rendez-vous que Malraux, mi-générosité mi-faiblesse peut-être, saupoudrées de respect dû à l'âge, n'osait pas toujours interrompre ou refuser.

Voyez ça avec Brigitte Friang (je ne sais plus ce qu'était le « ça ») avait donc aimablement conseillé Malraux à l'auteur dramatique à succès d'avant-guerre et bien que le « ça » en question ne ressortît, c'était certain, en rien à mes attributions. L'aiguillage était pervers, ou plutôt, inventé par un aiguilleur pervers. Le premier fonctionna comme le second avait dû le prévoir.

Enchanté de trouver une complaisante (sur commande) oreille féminine de vingt ans, Henri Bernstein m'institua aussitôt sa confidente privilégiée. Il m'appelait tous les matins pour me demander mon conseil sur tout et n'importe quoi, la marche de son théâtre, la conduite à tenir avec sa femme de chambre, le rôle à confier à tel acteur et presque la couleur de la cravate qu'il devait arborer. Cela avait été drôle un moment. Mais comme les communications duraient des demi-heures entières et que j'avais d'autres soucis, lasse de me passer les nerfs à dessiner des animaux grotesques, je posais le combiné sur mon bureau, réglais un problème, reprenais l'appareil pour émettre un, « comme vous avez raison », ou un grognement sibyllin avant de le reposer pour plusieurs minutes.

Comment vont vos amours avec les Ambassadeurs s'enquérait Malraux lorsque je pénétrais dans son bureau, le sourire relevé comme un toit de pagode, ravi du bon tour qu'il m'avait joué. Et si traversant notre immense pièce que je partageais avec son secrétaire, sa secrétaire et ma secrétaire, il apercevait le combiné de mon téléphone posé sur un dossier, il m'adressait un petit signe tournoyant de ses mains de danseuse cambodgienne, mettait le doigt sur la bouche, chut, la souris passe, commentait-il avant de s'éclipser, tout guilleret et goguenard.

Un jour, sans doute à la suite d'un de mes, « je suis tout à fait de votre avis », qui avait dû tomber à contresens ou un, « c'est exactement ce qu'il fallait faire », alors qu'il m'avait sans doute demandé quelle attitude adopter, Henri Bernstein comprit enfin à quoi s'en tenir. Dommage, vous aviez pourtant une belle carrière de directrice de théâtre devant vous, se moqua Malraux lorsque je lui annonçai l'évanouissement dans les brumes de mon trop assidu correspondant matinal.

Ma manie de crayonner des animaux imaginaires ne m'avait pas été inoculée par Malraux, s'il était maître en cet art, on le sait. Me le rappellent aussi les dédidaces évoquées plus haut. Sauf dans les dernières années, un monstre biscornu ou une bestiole charmante les complète toujours comme l'un de ses clins d'œils qu'il m'adressait lorsque je me débattais avec un quelconque Bernstein de service.

Cette pratique remontait chez moi bien au-delà notre rencontre puisque je me souviens de l'amusement qu'elle provoqua, un jour de l'automne 1945. Cela se passait dans le grand amphithéâtre de la Sorbonne. L'université de Paris y faisait sa rentrée solennelle après cinq années d'occupation allemande. Le général de Gaulle présidait la cérémonie, devant un aéropage de professeurs en robes noires ou rouges, toques et hermine. Sur l'estrade, trônaient, outre le président du gouvernement provisoire, les doyens des facultés, quelques invités d'honneur. Et une toute petite jeune fille pétrifiée dans sa jolie robe noire. Moi. Qui avais été désignée, en tant qu'étudiante de la faculté des sciences — avant de me livrer à d'autres jeux qui m'avaient valu les ennuis sus-mentionnés — pour représenter les étudiants parisiens. Presque au bout de l'interminable tréteau recouvert du tapis vert de rigueur, n'ayant pour dernier voisin, sur ma gauche, qu'un personnage dont j'ignorais l'identité, mais à cheveux blancs, en robe et donc fort sérieux d'apparence, je tremblais consciencieusement à l'idée d'avoir à prononcer ce discours que j'avais pourtant préparé avec soin et que, prudent, le recteur de ma faculté, Gustave Roussy, avait demandé à vérifier par avance. Mais c'était mon premier discours en public — et quel public, outre que je n'ai jamais été douée pour la chose — et devant le général de Gaulle. Ce général de Gaulle que je n'avais encore jamais rencontré et qui, en dépit de l'esprit frondeur que j'affectais, siégeait dans ma hiérarchie personnelle au deuxième rang à la droite de Dieu le père, juste devancé par Jésus-Christ son fils.

Afin de calmer mon angoisse, je traçais mes démons familiers dans la marge de mon discours dûment agréé par les autorités. Lorsque le monsieur sur ma gauche s'était penché et m'avait soufflé, « moi aussi, quand j'étais jeune, avant de prendre la parole pour un examen, je dessinais toujours des petits monstres imaginaires, pareils aux vôtres. Car vous avez très peur, n'est-ce pas ». Sous la perfection de la langue, perçait un accent britannique évident. A la fin de la cérémonie, j'appris que mon voisin était sir Alexander Fleming, le père de la pénicilline et que, je crois, l'université de Paris accueillait ce jour-là en tant que professeur honoris causa. Vingt-quatre années plus tard et lui disparu depuis longtemps, je devais rapporter l'anecdote à sa femme, d'origine grecque, que je rencontrai à Athènes au cours d'un reportage sur la résistance aux colonels de triste mémoire.

J'ignore si M. Christian Pineau, alors ministre du ravitaillement, rentrant à l'été 1945 d'un voyage d'achat de viande en Amérique du Sud, fut aussi amusé que sir Alexander Fleming en trouvant, dans les marges d'un rapport sur le sujet qui le préoccupait pour lors avec tous les Français et que l'on m'avait donné à synthétiser, une farandole de vaches de facture particulière, la queue de l'une dans la bouche de l'autre. Je les avais pourtant dessinées sur le bureau même du ministre que j'occupais en son absence par décret personnel — quoique de connivence avec son directeur de cabinet, un copain, mais à l'ébahissement outré de l'huissier, surtout quand, sur mon coup de sonnette, il me découvrait les pieds sur la table sainte dans l'espoir de tempérer les douleurs de mes souvenirs de la Gestapo. Fort heureusement, le sabotage artistique d'une voiture du ministère que j'avais empruntée, m'avait évité, en m'immobilisant trois mois dans le plâtre, de demander au ministre que je n'avais servi que quelques semaines (dans l'équipe de lutte contre le marché noir, ceci expliquant cela), son avis sur mes dons d'animalière.

Cette digression pour démontrer que les animaux sortis de mon petit cerveau, tout armés ou non de leurs cornes, ne prouvaient pas, chez moi, une vile imitation de Malraux. Un après-midi, rentrant à notre bureau du boulevard des Capucines, tiens, me dis-je, mais où sont passés les démons que j'avais laissés avec mes papiers en partant déjeuner. Je n'étais pas mécontente de leur facture. Quel était le répugnant copain qui me les avaient dérobés. Aucun occupant de la pièce n'avait aperçu l'auteur du larcin. La gravité de l'incident ne requérait pas une enquête autrement approfondie. Cinq minutes plus tard, il avait échappé à mes préoccupations.

Le surlendemain, posée sur mes dossiers comme toujours en désordre, une feuille blan-

che attira mon attention. S'y alignaient quelques-uns de mes petits monstres, soigneusement
découpés, recollés, acoquinés et soulignés de
légendes. De la main de Malraux. L'un d'eux qui
devait avoir pour étranges ascendants chouette,
fennec, petit marsupial et représentant de la
gente rongeuse, était érigé en « démon gardien
de Brigitte ». Je l'ai précieusement conservé. Ce
doit être un bon intercesseur, car je suis encore
vivante, en dépit du grand nombre de fois où je
me suis regardée mourir, depuis lors.

Fût-ce lui, ou l'un de mes autres démons fa-
cétieux qui me poussa, certain premier avril, à
concocter une blague de mon invention à Malraux. Pourtant je n'ignorais pas son goût plus
réservé de la plaisanterie. Et alors que, au reste, la culture de la farce ne figure pas sur la pa-
noplie habituelle de mon comportement.

C'était donc un premier avril. Celui de 1948.
Ou de 1949. Peut-être de 1950. Qu'importe. Nous
étions encore installés dans nos bureaux du
boulevard des Capucines. Nulle part ailleurs,
que ce fût rue de Solférino ou, dix ans plus
tard, au 58 rue de Varenne, face à Matignon,
lorsque Malraux fut redevenu ministre de De
Gaulle, une telle facétie n'eût pu me traverser
l'esprit.

Si nous jouions un tour à André, proposai-je,
toujours innocente, à mes petits camarades de
bureau. Pourquoi pas, me soutint Marie-France
Comiti, ancienne déportée de la résistance elle

aussi, qui assurait mon secrétariat. Méfie-toi, me rappela le secrétaire de Malraux, il n'aime pas tellement.

L'un des sujets de nos préoccupations, non, le terme est faux, de notre étonnement plutôt, était l'espèce de révérence que nourrissait Malraux pour le général de Gaulle. Tous, tant que nous étions — et moi la première —, brûlions d'admiration pour de Gaulle. Ce qui ne nous empêchait pas de ricaner, discuter, nous insurger si telle de ses décisions nous surprenait et pas seulement pour nous prouver que nous n'étions pas de stupides inconditionnels. Après tout, de Gaulle n'était pas infaillible et nous, pas absolument des imbéciles. Aussi nous semblait-il pour le moins surprenant que Malraux, fort de tout son passé et de son prodigieux cerveau, donnât automatiquement raison au général lorsque nous mettions en doute l'opportunité de ses options. A notre sens, Malraux aurait dû faire entendre plus haut sa voix dans le concert des proches de De Gaulle pour infléchir sa pensée, en particulier dans les réformes sociales qu'il se proposait d'appliquer, une fois au pouvoir. Je siffle et tu viens, nous paraissait l'attitude de Malraux. Quelque peu agaçante, incompréhensible et même décevante pour ses adeptes. Ce que nous étions.

Sans trop d'efforts, j'imite assez correctement les signatures. Avec un peu de travail supplémentaire, je reproduis passablement les écritures. J'avais très en main le C. de Gaulle et les pattes de mouche du général.

75

Je vais faire convoquer André par de Gaulle, on verra en combien de temps il décampe, ricanai-je. Le risque du stratagème résidait dans le fait que jamais de Gaulle n'en avait usé ainsi, dans ses relations avec Malraux. Les deux hommes se voyaient fort souvent seul à seul, mais toujours sur rendez-vous pris, soit directement, soit au téléphone par l'intermédiaire de l'officier d'ordonnance du général.

En outre, une fois par semaine, le mercredi après-midi, Malraux assistait avec ses autres membres, au conseil de direction du R.P.F., qui siégeait sous la présidence de De Gaulle, dans l'étroite salle de réunion du rez-de-chaussée de la rue de Solférino. Mais aucun porte-parole de ce futur gouvernement ne rapportait les thèmes qui y avaient été évoqués et encore moins les décisions qui y avaient été prises. Tout le petit monde des services évoquait avec un respect révérentiel cette messe mystérieuse. Aussi ai-je longtemps reproché à Christian Fouchet, alors en charge de la région parisienne et qui m'avait solennellement promis de me faire assister à la Sainte Cène cachée à ses pieds sous le tapis vert, de n'avoir jamais osé tenir sa parole.

Une feuille de papier libre, une plume de même apparence que celle du général et, en trois lignes, moi, de Gaulle, je demandai donc à André Malraux de me rejoindre toute affaire cessante à mon bureau de la rue de Solférino. Satisfaite du résultat, je glissai le papier dans une enveloppe, de ma main gaullienne l'ornai du nom de son destinataire et grattai à la porte de Mal-

raux. Un cycliste vient d'apporter ça de Solférino. C'est l'écriture du général de Gaulle,
commentai-je en remettant le pli. Fort peu for-
maliste de nature, Malraux ne se demanda nullement pourquoi c'était moi qui lui apportais le
message alors que je n'avais rien à voir avec son
secrétariat. Et je m'éclipsai.

Trente secondes plus tard, son mince porte-
documents sous le bras, son pardessus bleu-ma-
rine à col de velours selon son habitude jeté sur
ses épaules, les pans de sa longue écharpe de
soie blanche de Lanvin cachant son veston sombre du même faiseur, Malraux traversait notre
bureau, nous lançant qu'il se rendait à Solférino, appelé d'urgence par le général de Gaulle.
Le suivant subrepticement, j'attendis qu'il eût
dégringolé un étage de l'escalier monumental.
Penchée sur les volutes de la rampe de fer for-
gé, André l'arrêtai-je alors, un instant. Il leva la
tête vers moi. Poisson d'avril, lui criai-je, hilare.

Malraux demeura un instant immobile,
comme pétrifié. Personne, je suppose et depuis
sa petite enfance n'avait osé lui jouer une farce, ni même sans doute songé à le faire. Quelques jours après sa mort, comme je rapportais
l'anecdote à sa femme Madeleine, « il faut qu'il
t'ait déjà porté une bien profonde amitié, re-
marqua-t-elle, pour avoir accepté une telle plaisanterie ». Non seulement Malraux l'avait
admise, mais, le moment de stupeur passé, il
avait ri et, les escaliers vivement regrimpés, re-
traversant notre bureau pour regagner le sien
alors qu'il eût pu l'éviter, Helzapoppin vole

haut, avait-il commenté avant de refermer la porte sur lui.

Helzapoppin, le film américain farfelu qui venait de nous enchanter par ses gags insensés, constituait une des références favorites de notre code de langage bureaucratique.

Il n'en restait pas moins que Malraux s'était précipité chez de Gaulle, au premier coup de sifflet, sans même appeler l'officier d'ordonnance du général pour se renseigner sur l'objet de cette convocation insolite.

La dévotion que portait Malraux à de Gaulle a été souvent commentée. De nombreuses explications en ont été données, comme a été disséquée l'admiration que de Gaulle portait à Malraux. Il est probable que chacun des deux hommes trouvait en l'autre une tranche de ce qu'il aurait voulu être et n'avait que secondairement réalisé. L'homme qui, par son action, avait infléchi le cours de l'histoire, était regardé, aussi, comme un remarquable écrivain. On reconnaissait, aussi, au romancier la part qu'il avait prise dans les affaires du monde. La liberté d'action et de comportement de l'un concrétisait un rêve secret de l'autre qui n'avait jamais pu s'enfoncer dans la jungle à la recherche des trésors enfouis. Mais, pour l'orateur flamboyant, quel destin que d'avoir, comme cet officier solitaire et inconnu, presque par le verbe seul, changé celui de millions d'hommes.

Comme chaque être comporte une part du

sexe opposé, de même il y avait du Malraux en de Gaulle et inversement. Se mirant dans l'eau de la fontaine, c'était le reflet caché amoureusement caressé de l'autre que chacun décelait sous les vaguelettes de l'apparence. Car, sans doute de manière plus sensible chez l'écrivain pour des raisons évidentes de caractère et de position, que chez l'homme politique de formation militaire, en chacun existait pour l'autre un sentiment proche de l'amour. L'amour qui s'enchante des oppositions, glorifie les différences, chérit les incartades, se délecte des joies de l'autre, explique ce qu'il ne comprend pas, exclut l'idée même de la critique, porte au dévouement aveugle.

Surtout en ce qui concerne le pôle féminin du couple, que figurait Malraux. Ce n'est pas que Malraux recelât quoi que ce fût de féminin en lui. Ou, du moins, rien de plus que tout homme normal. La virilité était même âprement démontrée. Non point dans le champ trop commun des rapports anecdotiques avec les femmes. Mais dans celui de l'action, de l'impact sur les êtres et les choses, apanage masculin encore presque exclusif. Dans le culte fervent de la fraternité masculine, aussi, qui émane de ses romans où se démontre d'ailleurs une indéniable misogynie littéraire. Par omission seulement, il est vrai. Dans son œuvre, la seule silhouette de May accroche la mémoire et l'on ne se souvient de Valérie que comme amie de Ferral. (« — Qu'as-tu éprouvé après ? demanda Gisors après avoir couché pour la première fois avec une femme]. Tchen crispa ses doigts — De l'orgueil — D'être un homme ? — De ne pas être une femme »).

Gommage des femmes dans quoi il eût été surprenant que Malraux persévérât, eût-il écrit un nouveau roman après la résistance à l'occupation allemande et la part qu'y prirent les femmes. Depuis la guerre, le héros de ses héros n'était-il pas une héroïne, Antigone, symbole du NON, du refus de fléchir devant la force, d'ailleurs aussitôt suivie dans sa hiérarchie par une autre femme, Jeanne d'Arc, « qui refit l'armée, le roi, la France », et qu'il encensa d'un discours bouleversant. (« ... De ce qui avait été la forêt de Brocéliande jusqu'aux cimetières de Terre sainte, la vieille chevalerie morte se leva dans ses tombes. Dans le silence de la nuit funèbre, écartant les mains jointes de leurs gisants de pierre, les preux de la Table ronde et les compagnons de Saint Louis, les premiers combattants tombés à la prise de Jérusalem et les derniers fidèles du petit roi lépreux, toute l'assemblée des rêves de la Chrétienté regardait, de ses yeux d'ombre, monter les flammes qui allaient traverser les siècles, vers cette forme enfin immobile, qui devenait le corps brûlé de la chevalerie... ») *.

Il n'est en effet pas sans signification que, à l'automne 71, préparant son départ pour le Ban-

* Discours pour la commémoration de la mort de Jeanne d'Arc, prononcé au nom du gouvernement français, le 31 mai 1964 à Orléans.

80

gla-Desh où il prétendait se battre à la tête d'un corps de volontaires, ce fût une femme, et non un homme, qu'il se choisît pour second.

Ainsi, sous une virilité patentée, la sensibilité exacerbée du romancier, de l'esthète, induisait une vulnérabilité particulière au héros, somme toute assez féminine.

En 1958, à peine étions-nous installés rue de Varenne que l'un de mes amis, colonel de son état, affecté au ministère des armées et dont, en Indochine, j'avais apprécié l'intelligence et un esprit non conformiste assez peu répandu chez les officiers de carrière, effrayé par le fossé qui était en train de se creuser entre l'armée et la nation à la suite de la première bouffée de rébellion en Algérie, me proposa de dresser avec lui un plan pour resserrer des liens déjà fort distendus. Mis aussitôt au courant, Malraux m'avait donné sa bénédiction, selon son expression familière.

Je connaissais assez bien l'armée pour avoir accompli près de quatre années de correspondance de guerre en Indochine — outre mes reportages en Algérie et théâtres annexes. Et son fer de lance en particulier, les parachutistes, pour avoir passé la meilleure partie de ce temps en opération avec eux. Or, en raison des nécessités de caractère et de formation qu'exigeait leur arme, comme de ce qu'ils représentaient aux yeux de l'opinion publique, surtout depuis qu'avait été commise l'erreur de les déguiser en policiers à Alger, les parachutistes constituaient l'élément sensible de l'armée, son centre nerveux, la peau du gong. Malraux, pour sa part, nourrissait pour eux le respect du combattant qu'il avait été et symbolisait plus encore, outre qu'il revendiquait l'honneur d'être leur ancien pour avoir obtenu l'un des premiers brevets accordés en France — ce que nul, semble-t-il, n'a jamais vérifié. Connaissant son étonnant courage physique, son mépris absolu du danger que se sont plu à souligner tous ceux qui l'ont approché du temps où il commandait en Espagne l'escadrille aérienne qui finirait par porter son nom, ou durant les combats de la libération de la France, en Périgord et à la tête de la brigade Alsace-Lorraine, rien d'étonnant à ce que Malraux eût, au moins, effectué un saut — épreuve somme toute limitée à un simple contrôle des nerfs —, peut-être même en Union soviétique, comme il me l'a affirmé à plusieurs reprises.

Il restait donc que Malraux, par la résonance que ses engagements et ses romans de combat ne pouvait qu'avoir sur les jeunes hommes des bataillons parachutistes, m'apparaissait comme le seul membre du gouvernement capable, tout en les exaltant par son verbe envoûtant, de canaliser et de mettre au service de la république l'ardeur guerrière de ces centurions. Inutile, à mon sens, qu'il se rendît en Algérie. Un ou deux discours dûment orchestrés à Pau, à Bayonne ou peut-être à Perpignan, au cœur même des bases d'entraînement devaient déclencher les répercussions attendues. Pas idiot, approuva Malraux, mais il faut que j'en parle au général de Gaulle. Je le vois demain.

Le lendemain au moment convenu, j'allai quérir dans le bureau de Malraux l'avis du général. Je n'ai pas eu le temps de lui en parler, m'avertit Malraux. Mais je le revois dans deux jours, vous aurez votre feu, vert ou rouge. Le surlendemain, des problèmes nouveaux d'une telle importance avaient surgi durant son entretien avec de Gaulle que Malraux n'avait pu faire dévier la conversation. Au rendez-vous suivant, un autre obstacle s'était dressé. Et encore au suivant. L'exaspération de mon patron devant mes questions devenait évidente. Je cessai de le harceler.

Malraux ne devait jamais aller s'adresser aux parachutistes dans le Sud. Et pourtant, l'idée lui avait semblé bonne. En eût-il été autrement, nos relations étaient trop exemptes de mondanité pour qu'il ne m'eût pas rabrouée à son premier exposé. Mais, pour des motifs difficiles à cerner, il n'avait jamais osé s'aventurer à la soumettre à de Gaulle. Peut-être Malraux avait-il craint que le général prît ombrage de son immixtion dans les affaires de l'armée, ou dans celles du règlement du problème algérien qui apparaissaient, l'une comme l'autre, du domaine réservé de celui qui était encore président du conseil. Aucune des explications que je m'avançai n'effaça ma déception. Non point, bien entendu, de ne pas voir aboutir une de mes suggestions — encore que je demeure convaincue qu'un coche fut loupé à cette occasion — mais

83

de constater une nouvelle fois la fascination, la domination même, qu'exerçait de Gaulle sur Malraux.

★

Puisque ce témoignage s'efforce à l'honnêteté et que rien n'est plus ridicule que les statues, autant raconter tout de suite, en vrac, mes autres déceptions. Pas tellement nombreuses, au reste. Et n'est-on pas déçu que par ceux auxquels l'on accorde beaucoup, surtout lorsqu'ils ont mérité beaucoup.

A l'évidence, en 1958, au ministère d'Etat, je gênais certains. Dès le 2 juin, au lendemain du jour où de Gaulle avait été investi président du Conseil par 329 députés contre l'opinion de 224 autres — et non par les parachutistes, comme beaucoup se sont plus à le piailler et, curieusement, sont parvenus à le faire admettre parce qu'il semble plus honorable de céder à la force que d'avouer son incurie — Malraux m'avait convoquée avenue de Friedland, dans les bureaux du ministère de l'information où nous devions effectuer un court stage.

Bien entendu, ma belle, vous revenez travailler avec moi comme attachée de presse, à moins que vous n'ayez mieux à faire, m'avait-il déclaré tout de go, à peine le bonjour-ça-va de rigueur esquissé. Comment aurais-je eu mieux à faire que de servir Malraux. Et d'annoncer urbi, sinon orbi, ses décisions quant à nos rapports pratiques de travail quotidien. Qui retentirent comme un coup de bec déchirant le douillet cocon tissé par ses collaborateurs traditionnels.

Ainsi, loin de m'avoir éloignée de Malraux, les années passées hors de son orbite à jouer aux correspondantes de guerre m'avaient fait gravir des échelons dans son amitié. A la lecture des *Fleurs du Ciel,* mon premier recueil de souvenirs de la guerre d'Indochine, Malraux n'avait-il pas eu la faiblesse de me déclarer qu'il me revenait désormais d'écrire LE livre sur la résistance. Faiblesse, car je crois bien qu'il fut mon seul lecteur à y découvrir des qualités sans doute trop habilement cachées. Mais il avait eu le tort de proclamer son opinion.

Seule mon élimination pouvait écarter le danger.

Elle n'était pas aisée. Je refusai de prendre garde à certains indices d'ordre matériel et de face — comme diraient mes amis extrême-orientaux. Enrobées de ronde complicité amicale, souvenir du boulevard des Capucines une décennie plus tôt, ces roueries ne m'importaient que médiocrement et n'entravaient pas sérieusement mon travail.

Puis se prépara le premier voyage officiel de notre ministre. De Gaulle l'avait chargé d'aller porter le salut de la mère-patrie à la Martinique

et à la Guyane. D'apaiser aussi certaines bouf-
fées de chaleur sociales, par la grâce de son re-
nom légendaire et de ses amitiés littéraires, telle
celle d'Aimé Césaire. Je devais être de la partie
lorsque, à l'une de nos réunions matinales de
cabinet — qui se tenaient sous l'égide du directeur et jamais de Malraux, fort dépourvu d'esprit collectiviste et qui continuait, comme du
temps du R.P.F., à nous recevoir individuelle-
ment ou, à la rigueur, en compagnie de l'idoine
intéressé par le problème à traiter — à notre
conférence de cabinet de 10 heures, donc, j'appris incidemment que Malraux m'avait rayée de
la liste des trois ou quatre collaborateurs qui
devaient l'accompagner. Ce fut le Scapin de service, qui y figurait cela va de soi, qui avait fait
valoir — comme j'en fus bien évidemment in-
formée — que le général de Gaulle serait choqué s'il me découvrait, moi, une femme, aux
côtés de Malraux sur une actualité filmée ou une
photographie de presse. Alors que Madeleine, sa
femme, devait être présente.

Cette fois, le trait m'atteignit. Par la méchan-
te hypocrisie qu'il dénotait. Et surtout parce
que je détestais que Malraux eût pu être sensible à un argument de ce niveau et céder par
avance, comme un petit garçon, à un fronce-
ment de sourcils — fort hypothétique au reste
— du général de Gaulle.

Lorsque se profila le voyage en Inde — sa
façon d'escamoter le sujet était significative —
je compris que Malraux n'oserait pas davantage m'emmener pour sa mission d'ambassa-

86

deur extraordinaire auprès de son ami Nehru, alors l'un des leaders les plus influents du Tiers Monde. Ce qui avait, au moins, le mérite de la logique.

Pourtant combien de fois, boulevard des Capucines, n'avais-je pas évoqué avec lui les Védas, les Upanishads, Vivekananda et la Bhagavad Gîtâ, mon livre de chevet de l'époque. A mon dernier retour d'Extrême-Orient, ne m'avait-il pas fait lui raconter minutieusement, photographies à l'appui, ma découverte du sous-continent indien par l'Afghanistan et la passe de Kyber résonnant encore du cliquetis des lanciers du Bengale, les dentelles de marbre incrusté de pierres précieuses des tombeaux des princesses aimées du Penjab, ma première image du Taj Mahal dans la chaude nuit blanche de lune, Chandigar, la capitale mort-née que construisait alors Le Corbusier, lui dépeindre les grottes d'Eléphanta qui le fascinaient, lui décrire mon expérience à l'ashram de feu Shri Aurobindo Gose et ma rencontre étonnante avec celle que l'on appelait la Mère. Il savait donc la joie que j'aurais eue à redécouvrir l'Inde avec lui, en particulier ces grottes d'Eléphanta qu'il était convié à visiter et qu'il ne connaissait pas encore. Et alors que j'étais la seule de son cabinet à jouir d'une expérience — aussi infime fût-elle — de l'Inde et d'une connaissance un tant soit peu moins relative de son art et de sa culture. Et aussi à parler un anglais à peu près décent dont il usait dans ses rencontres avec les journalistes anglo-saxons.

Et puis, le 8 janvier 1959, de Gaulle prit ses fonctions de président de la République. Et Malraux, son ministre d'Etat, celles de chargé des affaires culturelles. Ce qui impliquait un nouveau déménagement. Pour la rue de Valois, cette fois.

Ce fut là que tout se conclut. Sous le symbole minable d'une attribution de bureau. Et qui n'était en rien l'effet du hasard car c'était en revendiquant pour moi un bureau qui gouvernerait le sien, au moment de la reconstitution de notre équipe au mois de juin 1958, que Malraux avait inconsidérément instillé le poison.

Lorsque, en dernier échelon, je débarquai avec mes dossiers au Palais-Royal, « où est mon bureau », demandai-je à Scapin qui avait assuré la distribution des lieux. Eh bien, m'avoua-t-il au milieu d'un flot de paroles, tu n'en as pas, pour le moment.

Je voulus me plaindre à Malraux. Il était, paraît-il, invisible. Je sentais que mon indignation allait me porter à des paroles inconsidérées. Mieux valait prendre le large.

Ce bureau buissonnier matinal ne m'enleva pas la conviction que je me trouvais bien devant une éviction que personne, et Malraux le premier, n'osait me signifier. Ce qui impliquait que tout ce petit monde n'était pas particulièrement fier de soi. Donc qu'il s'agissait bien d'un mauvais coup.

De crainte de le voir s'embourber dans des explications embarrassées, je n'osai forcer la

88

porte de Malraux. Il n'empêche que j'entendais qu'une voix autorisée m'exposât clairement les causes de ce renvoi officiellement informulé.

Autant que je pouvais le savoir — et cela paraissait évident à la façon dont on se dérobait — la qualité de mon travail n'était nullement en cause. Malraux ne m'avait-il pas toujours, et jusqu'à ce malheureux déménagement, témoigné sa satisfaction et sa confiance.

Notre seul accrochage — le seul en trente ans d'amitié — avait pris place bien auparavant. Le 24 août 1958 exactement, au soir du jour où Malraux avait prononcé, devant la gare Montparnasse, le bouleversant discours plus haut évoqué. Avec une amie, à la tombée de la nuit, nous avions été écouter devant Notre-Dame gronder le gros bourdon auquel répondaient toutes les cloches de Paris, comme au jour d'une libération dont j'avais été frustrée.

Au moment où je rentrais chez moi, fort avant dans la soirée, la sonnerie du téléphone avait retenti. A ma stupéfaction, c'était Malraux qui m'appelait, lui qui détestait tant ce moyen de communication sauf, à la rigueur, lorsqu'il s'agissait de connexions internes au bureau. Et sa conversation se réduisait alors à un, « pouvez-vous venir ». Voilà deux heures que je vous appelle, avait-il débuté à la malrussienne, c'est-à-dire sans autre préambule, non seulement vous n'êtes pas chez vous, mais il n'y a personne pour répondre.

Cette fois, l'exaspération m'avait prise, d'autant que j'étais épuisée, écrasée de travail et par des horaires à faire s'émouvoir même un syndicat patronal. Désolée, André, avais-je répondu, j'ignorais que j'étais aussi de service de nuit, et il se trouve que, par un hasard malencontreux, mon maître d'hôtel, mon valet de chambre, ma femme de chambre et même ma cuisinière ont pris leur soirée.

Au lieu de se cabrer sous la raillerie, Malraux avait saisi en un éclair l'incongruité de sa remarque. Il avait plongé sans transition dans le concret, la diffusion défectueuse par la radio nationale de son discours de l'après-midi. Or, par une attention dont il était coutumier et afin de me permettre de fêter une libération de Paris que je n'avais apprise « qu'ombre qui survivait encore », il avait lui-même exceptionnellement confié à Bernard Anthonioz le soin de veiller au découpage et à la retransmission de son discours par la radio. Détail qu'il avait oublié dans son agacement de n'avoir pas entendu diffuser les passages qu'il souhaitait. Et sans doute plus encore dans sa déception devant la reproduction sur les ondes, qui magnifiait impitoyablement, et parfois jusqu'à l'insupportable, le côté déclamatoire de ses envolées. Mais c'était là une découverte, car l'interdit qui avait pesé dans les émetteurs nationaux, depuis 1947, sur de Gaulle et ses complices fascistes du R.P.F. et de ses dérivés, n'avait pas permis à Malraux de s'y accoutumer.

Malraux ne m'avait d'ailleurs en rien tenu rigueur de ma repartie cinglante à son reproche abusif. Il l'avait si bien rayée de son esprit que, au lendemain de l'incident, il m'avait réclamé une note sur le problème de l'Algérie où j'avais été en reportage, car lui-même devait en établir une pour le général de Gaulle qui préparait son discours de la place de la République du 4 septembre 1958. Ce qui m'avait procuré la délectation d'entendre de Gaulle employer, pour qualifier le futur immédiat de ce qui était encore des départements français, le terme dont j'avais usé dans mon papier. Ce que je me refusai, il va de soi, à considérer comme une simple coïncidence.

Au mois d'octobre 1958 encore, sous le prétexte d'un meeting de parachutistes à Alger, au cours duquel je devais sauter, Malraux ne m'avait-il pas chargée d'effectuer une enquête sur l'état d'esprit de l'armée à l'aide de mon réseau personnel de copains d'Indochine, officiers parachutistes pour la plupart. De ma tournée privée des popotes à travers tout le pays, était sorti un long rapport que Malraux avait trouvé assez intéressant pour le remettre, comme prévu, au général de Gaulle.

Forte de mon expérience indochinoise, j'avais exposé mon sentiment dans sa conclusion. A savoir que l'indépendance étant inéluctable, mieux valait l'accorder au plus vite, avec le bénéfice de la générosité. La France pourrait-elle (ce qu'elle fit du reste, grâce aux moyens accrus) y gagner la guerre sur le terrain, dans la conjoncture politique du monde de l'après-guerre, devant l'aspiration générale et combien justifiée d'indépendance des anciens peuples colonisés, une telle victoire me semblait sans application politique. Je n'y croyais pas davantage qu'à une Algérie honnêtement française, ce qui eût impliqué, outre l'insupportable effort financier et en raison de la démogénie algérienne foudroyante, une France à échéance algérianisée. Ce que nul Français, et certes pas les partisans proclamés de l'Algérie française, n'était disposé à supporter.

Or Malraux, qui s'était tant battu, en paroles, en écrits, mais aussi en actes où sa vie s'était jouée pour la liberté des hommes et des peuples, semblait tomber en léthargie lorsque l'on abordait avec lui l'indépendance de l'Algérie. Sa sensibilité paraissait paralysée par le mutisme qu'observait encore de Gaulle sur ce point précis. Discrétion à l'évidence tactique puisque, comprenant que la grandeur de la France ne se mesurait pas en kilomètres carrés théoriques mais à sa résonance morale, à l'automne et au début de l'hiver 1958, le chef du gouvernement, par l'érection des colonies africaines et malgache en républiques au sein de la future Communauté, avait enclenché le processus de la rapide indépendance qui leur serait accordée en 1960.

Pourtant, de par son passé, le caractère exceptionnel et l'importance qu'avait revêtus son adhésion à de Gaulle, Malraux ne devait-il pas tenir une autre partition que celle de relais, de haut-parleur auprès du général. Et dans le débat déchirant où se heurtaient principes moraux et intérêts sordides apparents de la nation, ne devait-il pas devenir le porte-parole de la liberté et de la générosité pour quoi il avait toujours combattu. Se montrer ce qu'il était, le visionnaire des grands développements historiques débarrassés des contingences de l'immédiat.

Certes, quelques indices autorisent à penser que Malraux eût souhaité être délégué par de Gaulle aux affaires algériennes. Pari qu'il était difficile au président du conseil d'alors de prendre. Avec Malraux dressé face aux combattants de l'indépendance algérienne et aux insoumis français, ce pouvait être aussi bien le triomphe que la catastrophe.

Mais ce simple et grave rôle d'intercesseur privilégié, Malraux l'assuma-t-il jamais auprès de De Gaulle. Apôtre trop respectueux des jugements de Dieu, il ne le semble pas. Si, néanmoins, et sans doute aucun, par l'élévation de ses remarques et par son fulgurant jugement — comme l'écrit le général de Gaulle dans ses *Mémoires* — il dut l'aider à prendre les décisions qui touchaient à l'âme même de la France.

Dès la reconstitution de notre équipe du boulevard des Capucines, au début du mois de juin 1958, je n'ignorais pas que ma position quant au devenir de l'Algérie paraissait scandaleuse. On me rapportait que, à cause d'elle, je compromettais Malraux. Et aussi parce que j'avais, se plaignait-on, transformé mon bureau en officine des gaullistes de gauche dont, justement, mon futur mari était (alors) un des éléments actifs.

Je tenais ces potins pour insignifiants. Il ne me serait jamais arrivé à l'esprit que l'on pût utiliser de tels griefs pour me dénigrer auprès de Malraux. Et surtout pour me faire apparaître comme un élément politiquement dangereux, afin d'assouvir des rancunes personnelles.

Mais, apparemment, le terrain affectif du moment se prêtait à ces manœuvres. C'est ce que, à ma surprise, me révéla Georges-Noël Loubet, le directeur de cabinet de Malraux, lorsqu'il trouva enfin la demi-heure nécessaire pour me recevoir.

Il n'est pas douteux que c'est avec l'Algérie qu'on a eu ta peau, convint Loubet. André ne peut prêter le flanc à des rumeurs qui pourraient faire croire au général qu'il a adopté sur l'Algérie une position en avance sur la sienne. Or, que tu le veuilles ou non, tu engages André par le seul fait de ton appartenance à son cabinet. D'autant qu'il n'ignore pas que tu dînes en ville et rencontres des personnalités politiques d'horizons divers.

Néanmoins, poursuivit Loubet, il y a autre chose. Qui compte encore davantage. Et pas tellement facile à te confesser. Tu ignores ce que tu représentes pour nous depuis tant d'années. Camarade, copine, amie, petite sœur, tout à la fois et plus encore. Alors, nous sommes tous enragés par ton mariage, malades de dépit. Et quand je dis tous, comprends-moi bien, c'est de tous qu'il s'agit.

C'était trop fort. Chacun de ces beaux messieurs n'était-il pas lui-même marié. En outre, aucun d'eux ne s'était jamais occupé de ma vie privée, que je sache, et j'étais déjà fiancée lorsque nous avons reconstitué la vieille équipe autour de Malraux, au printemps précédent. Sans doute, admit Loubet, mais nous avions conservé jusqu'à présent l'impression que tu nous appartenais un peu. Nous espérions que tu romprais tes fiançailles. Aussi, quand tu nous annonces un prochain mariage, avec quelqu'un qui nous est étranger de surcroît, nous ressentons ta décision comme une trahison.

J'étais atterrée par la révélation d'un tel esprit possessif chez de simples amis, d'un tel égoïsme masculin. Me revint alors en mémoire l'étrange réflexion de Malraux, près d'un an plus tôt, lorsque, à l'annonce de mes fiançailles, il m'avait demandé si, eussions-nous encore été boulevard des Capucines, j'eusse seulement songé à me marier.

Lorsque je fus enfin admise à l'approcher, une semaine peut-être après le déclenchement de l'affaire et alors que, rue de Varenne, je le rencontrais autant de fois par jour que nécessaire, Malraux n'aborda pas le problème de mon mariage avec cette franchise. Il s'emberlificota cependant dans des considérations à son propos, évoquant cette prétendue incompatibilité entre mon poste et l'appartenance de mon futur mari au quai d'Orsay, à l'évidence suggérée, découvrant tout à coup que j'étais de caractère trop politique pour m'intéresser aux affaires culturelles et m'assurant aussitôt, avec un illogisme stupéfiant que, dès qu'il retrouverait un ministère politique, il allait de soi que je reprendrais ma place auprès de lui et foin de l'incompatibilité qui eût cependant pris, alors, un semblant de consistance. Mais ne soufflant pas mot de l'affaire algérienne soigneusement concoctée par un cher petit camarade.

J'étais trop peinée de voir cet homme que j'admirais patauger lamentablement, pour lui montrer qu'il cédait aux pressions de qui avait enfin découvert un biais capable de me faire éliminer de son entourage. Après tout, ce personnage, qui s'occupait avec dévouement, compétence et efficacité depuis plus de dix ans de l'administration de son privé, de tous ses problèmes d'édition, de toutes les corvées du quotidien de sa vie publique, lui était indispensable alors que je pouvais être aisément remplacée.

De même que, au cœur de l'été, lorsque Malraux m'avait lu le passage consacré aux déportés dans son discours du 24 août, ce soir-là, dans le somptueux bureau aux lambris rehaussés d'or et tandis que j'essayais de ne voir, au creux des voilages et des rideaux de satin relevés, que la pluie ruisseler sur les balustrades de pierre blanchies par les projecteurs dans la nuit du Palais-Royal, je sentais mes yeux se brouiller. Mais cette fois mes larmes difficultueusement retenues étaient provoquées par une émotion bien différente. En cette soirée d'hiver, ce n'était pas sur ma détresse de déportée que je pleurais, mais sur mon image de Malraux.

Néanmoins je n'acceptai pas de la ternir aux yeux de l'extérieur. J'entrai dans le jeu qui m'était proposé et racontai à qui voulait m'entendre qu'en raison de mon mariage imminent et d'un départ en poste pour l'étranger sans doute proche avec mon futur mari, nous étions convenus avec Malraux que mieux valait que je n'entamasse pas un nouveau travail pour l'abandonner aussitôt. La chance voulut que la pratique corroborât la théorie dans des limites décentes pour lui accorder quelque crédibilité.

N'évoquer une peine avec qui que ce soit au monde aide à l'apaiser. Puis à l'oublier. Je décidai de rayer de mes références cet incident que je détestais. La mort des deux fils de Malraux, au printemps de 1961, le rejeta à sa vraie place.

Après mon retour en France, à l'automne 1961, à propos d'une navrante affaire de propriété littéraire, je retrouvai en Malraux l'ami fidèle, décidé à confier l'affaire à Mᵉ Maurice Garçon, alertant telle et telle personnalité du monde journalistique et littéraire, m'accordant son témoignage écrit, lourd du poids de son rayonnement personnel et de sa position dans l'Etat.

Ce qui n'était pas rien, comme il aimait à dire, en raison, précisément, de cette position dans l'Etat. Et ce qui était d'autant plus méritoire qu'il abhorrait ce genre de problème. De même se refusait-il à accorder des lettres de recommandation.

En 1951, cependant, il m'en avait confiée une, manuscrite, à l'intention du général de Lattre de Tassigny que je devais rencontrer dans son bureau des Invalides avant mon départ pour l'Indochine. Bien que j'eusse brûlé d'en connaître le contenu, la décence avait exigé le geste d'en cacheter l'enveloppe devant son auteur. Mais j'ai conservé en mémoire les hochements de tête, suivis de lourds regards coulés sous les paupières de crocodile, à chaque phrase que lisait le commandant en chef et Haut-Commissaire de France en Indochine, comme s'il tentait de détecter sur mon visage la confirmation du message. Je n'ai jamais cessé de regretter depuis lors les règles de la bienséance qui m'avaient frustrée de sa teneur.

Il y a peu, Jean-Pierre Dannaud, alors conseiller du futur maréchal, m'a rapporté avec quelle chaleur affectueuse Malraux avait vanté à ce dernier, au cours d'un déjeuner de l'époque, mes incomparables mérites. Or, jamais Malraux n'avait évoqué devant moi cette rencontre ni, a fortiori, relaté qu'il s'était entretenu de vive voix à mon sujet avec de Lattre. Ce qui était bien dans sa manière délicate d'être avec ses amis.

Alors quoi ? Malraux s'était-il rendu compte du tort, mais sutout de la déception qu'il m'avait causés, dans cette affaire de mon éviction de son cabinet, en ce début d'année 1959.

Certes, il ne pouvait savoir la pusillanimité et les procédés inadmissibles dont on avait usé à mon endroit et que je m'étais gardée de lui rapporter. Je ne crois cependant pas qu'il faille attribuer au hasard le fait que, jamais plus, à aucun propos, Malraux ne devait évoquer devant moi celui qui avait réussi à nous éloigner temporairement, ni seulement mentionner son nom.

Néanmoins, en raison de notre vieille complicité de travail, il n'est pas douteux que c'eût été à Malraux et à personne d'autre de m'avertir de sa décision de se passer de mes services. En cette occasion et quelque argument que je pusse chercher pour l'excuser, il avait fait preuve, lui aussi, d'une indéniable lâcheté. L'étonnant fut qu'il me la pardonnât. Ce qui prouve son caractère exceptionnel. Et d'autant plus que la trame de son personnage était tissée de sa réputation de courage.

★

Neuf ans après l'incident de la rue de Valois, Malraux était toujours en charge des affaires culturelles sans avoir retrouvé le ministère politique qu'il semblait avoir escompté (encore qu'il siégeât à la droite de De Gaulle quand il tenait conseil, comme l'a souligné ce dernier). C'est alors qu'éclatait le Mai 1968. Mais qui bourgeonnait depuis l'arrivée officielle du printemps à la fin du mois de mars.

Que le régime de la France ait failli basculer dans un vide étonnant, pour une affaire de liberté de coucherie entre étudiants d'une université de la banlieue parisienne prouve que, effectivement, la France reste la France, comme l'a fait remarquer M. Giscard d'Estaing à Ryad — ce qui revêt une tout autre signification que ce, « la France sera la France », du général de Gaulle, force est d'en convenir.

Dans la banquise de l'actualité télévisée, des craquements annonçaient, eux aussi, les fractures printanières. Qui allaient la larguer dans la mer démontée. Il y avait des mois que, peu à peu, le découragement gagnait tandis que les indices d'écoute et de crédibilité prouvaient qu'à force de les émonder tout en les farcissant de séquences de commande, nos bulletins-bouillie n'étaient même plus avalés par les veaux. En outre, une bataille au finish dressait la direction de l'actualité télévisée contre la rédaction en chef. Après l'obéissance aux ordres du gouvernement, le seul souci des deux parties était de faire échouer tout projet émis par l'adversaire avec la paralysie de ce qui restait d'initiative pour résultat.

Au service des grands reportages, la tension atteignait le point de rupture depuis que son chef s'était fait répondre par le responsable de l'actualité télévisée qu'il n'avait pas besoin de journalistes, mais de valets. Motif ? Notre cher Maurice-Robert Bataille avait proposé, pour notre hebdomadaire *Panorama*, deux séquences que je souhaitais tourner sur, précisément, l'état des universités françaises. Au vu de ce qui venait de se passer chez les étudiants aux Etats-Unis, en Allemagne, en Italie, au Japon et même en Espagne franquiste, point n'était besoin d'être grand clerc pour deviner que l'affrontement approchait en France. Ce que nous confirmaient les renseignements qui nous étaient rapportés de Nanterre.

La première grenade lacrymogène lancée le 3 mai boulevard Saint-Germain allait faire sauter tous les gaz accumulés. D'autant que les deux grands reporters présents au bureau en ce tout début d'après-midi, à savoir Michel Honorin et moi-même, s'étaient vu refuser le droit d'aller filmer les événements par le rédacteur en chef qui avait fait verrouiller par précaution les caméras dans les placards. On nous envoyait enquêter sur tous les ennuis des autres, à l'étranger, mais point n'était question de nous laisser faire notre travail sur le terrain quand, d'aventure, la bagarre commençait en France.

Le 17 mai, entraînés par la vague de fond des revendications salariales, les personnels de l'O.R.T.F. décidaient la grève totale. Le 25, les journalistes, qui l'avaient refusée, à bout d'efforts de conciliation avec la direction et le gouvernement à qui ils ne demandaient pas de gros sous mais — ce qui était bien déroutant — la révision, le calme revenu, du statut de l'information dans des limites qui feraient sourire aujourd'hui par leur modicité, bien que se considérant comme service public et marris d'ajouter au chaos où se précipitait la France, ralliaient la grève générale.

Jamais je ne suis parvenue à établir si, oui ou non, le général de Gaulle, à l'issue d'un conseil des ministres, s'écria, comme le rapporta la presse, dites à la dame Friang que l'on ne peut être gaulliste contre de Gaulle. Malraux me l'a infirmé. D'autres me l'ont confirmé, précisant même le ministre ou plutôt le très nouveau sous-ministre qui, par animosité d'ordre fort privé, se serait empressé de livrer aux journalistes ce propos désobligeant. Et mal fondé. Car je maintiens que je défendais le gaullisme en faisant partie du comité de grève des journalistes de l'actualité télévisée. Du moins le gaullisme à quoi j'ai toujours cru — celui de la défense des intérêts réels, donc avant tout moraux, de la France et des libertés essentielles de l'homme comme de sa dignité. Et je ne suis pas persuadée que de Gaulle fut très gaulliste en s'éloignant, le 29 mai, d'une capitale au bord de l'insurrection.

Restait donc Malraux pour expliquer à de Gaulle que, loin de nous élever contre la nation, le seul but de notre action était d'obtenir les garanties nécessaires à lui fournir une information digne d'elle et de ses citoyens. Sans barguigner, Malraux m'accorda un rendez-vous

pour le lendemain matin, au ministère. Bien
entendu, j'étais certaine qu'il n'allait pas me
traiter de communiste, de P.S.U. et autre maoïs-
te à l'instar de mon rédacteur en chef de l'actualité télévisée ou du conseiller privilégié du
premier ministre, ou de son directeur de cabinet. Malraux, qui en avait entendu d'autres,
n'était pas homme à perdre le sens au bruit de
quelques grenades lacrymogènes ou d'exercice.

Arpentant son bureau selon son habitude, il
m'écouta avec attention. Son sentiment était
que nous avions raison sur le fond. Il me l'assura clairement. Mais que nous avions eu tort
d'ajouter au désordre en nous mettant en grève
à un moment crucial pour la France. Je lui rappelai tous les efforts personnels que j'avais ten-
tés pour éviter la grève, mes rendez-vous à Matignon et mes visites à leur domicile pour y
supplier nos amis d'accorder aux journalistes le
gage d'une simple promesse verbale de la révision de leur statut, dès le calme rétabli. Munis
de quoi, avec mes camarades du comité des Dix,
nous nous faisions fort d'éviter la confrontation. Et aussi les derniers mots que nous avions
échangés avec Pierre Juillet, pourtant ancien
membre de l'équipe Malraux du boulevard des
Capucines. Faites la grève, il y a l'armée pour
vous remplacer, m'avait jeté le conseiller de
Georges Pompidou. Vous n'êtes qu'un fasciste
avais-je aimablement rétorqué. Vous n'êtes
qu'une communiste m'avait-il répliqué. Court
échange homérique, tout à fait à la hauteur des
événements, mais qui n'en avait pas moins mis

fin à notre vieille amitié. Et encore la réponse identique obtenue du ministre de l'information. Faites la grève, faites la grève, ricanaient ces messieurs. On se moque de nous, nous n'obtiendrons jamais rien sans faire la grève, concluaient bien normalement nos jeunes confrères.

Et tout cela sans parler des multiples avertissements que j'avais lancés depuis plusieurs mois, annonçant à qui voulait m'entendre des gaullistes en place, que nous allions vers l'affrontement.

Malraux, j'en suis sûre — notre conversation et nos entretiens antérieurs le prouvaient — était convaincu de notre bonne foi comme de la justice de notre cause. Mais c'était le général de Gaulle qui détenait les rênes du pouvoir. Malraux ne se résoudrait donc pas à prendre notre parti, à nous défendre auprès de lui. Ou plutôt à défendre notre vision d'une information digne de citoyens adultes. Ce qu'il eût fait en toute autre circonstance. Il ne concevait même pas l'éventualité de montrer au général de Gaulle qu'il avait tort, fût-ce sur un point qui n'engageait pas l'avenir historique de la France.

En dépit de mon expérience passée, j'avais fondé à la légère mes derniers espoirs sur une intervention de sa part. Je me rappelais alors que, déjà à propos des problèmes d'information, du temps du R.P.F., lorsque le général de Gaulle s'entêtait à refuser de recevoir même les journalistes les plus éminents du monde s'il ne les avait pas rencontrés et s'ils ne l'avaient pas entièrement soutenu du temps de sa longue marche londonienne, Malraux m'avait envoyée, moi jeune attachée de presse, soutenir auprès du général une thèse à quoi il adhérait pourtant, lui qui était précisément chargé par de Gaulle des problèmes d'information. Mais cette fois de Gaulle était président de la République. Il ne vint même pas à l'idée de Malraux de lui demander un rendez-vous pour moi.

Lorsque je rejoignis mes camarades grévistes à la réunion que nous tenions ce matin-là dans un cinéma des Champs-Elysées, dont la salle nous avait été prêtée pour la circonstance, je dus donc, une fois encore, maquiller la vérité profonde afin d'éviter de ternir, dans ces moments de passions exacerbées et d'intransigeance, l'image que mes confrères se faisaient de Malraux, combattant de toujours de la liberté et de la dignité.

★

Quel démon le retint, sur la route du Bengla-Desh.

Par un après-midi ensoleillé de la fin du mois de septembre 1971, alors que je me préparais à partir pour une tournée de conférences au Canada, où je devais présenter *Regarde-Toi Qui Meurs,* ce recueil de souvenirs que je lui avais dédié, j'allai prendre le thé avec Malraux, à Verrières. Mon intention était de lui demander des lettres d'introduction pour Indira Gandhi, et pour son ami Narayan, un compagnon de Gandhi (le Mahatma) dont il m'avait souvent parlé et qui devait présider une commission de préparation de la conférence internationale sur le Bengla-Desh, le Bengale libre. La province orientale du Pakistan venait d'entrer en lutte armée pour conquérir son indépendance. Malraux la soutenait. Ce 17 septembre, Europe 1 avait annoncé qu'il se déclarait prêt à aller combattre au Bengale. Pour moi, je comptais seulement y accomplir un reportage pour le compte du *Monde Diplomatique* qui m'envoyait alors régulièrement à l'étranger.

Dans ma voiture, rentrant à Paris après ce thé — qui s'était d'ailleurs terminé en scotch —, je constatai (en toute simplicité) que, partie pour Verrières dans l'anecdotique, j'en revenais dans l'historique.

Motif de cette grandiloquence ? — mais que l'on se rassure, réservée à mon usage personnel. Malraux m'avait demandé de l'accompagner au Bengla-Desh. Bien que je n'eusse pas été aussi convaincue que lui de la pureté des intentions de son amie Indira Gandhi dans son soutien aux nationalistes du Pakistan oriental, prendre une part active à une telle aventure, et aux côtés d'André Malraux, avait de quoi m'enflammer.

Aurais-je reçu la lettre, précisément datée du 17 septembre, de Marcel Brandin, le plus vieil ami de Malraux, (cocasse et imprévisible célibataire aux allures d'employé de banque retraité, au sac fourmillant d'anecdotes teintées du plus corrosif humour britannique, qui s'était soudain pris pour moi d'une amitié violente peu après m'avoir remplacée aux Affaires culturelles — rencontre qui devait toujours laisser Malraux rêveur, nos rares déjeuners à trois ne fournissant aucune réponse à ses multiples interrogations —), aurais-je reçu une des multi-hebdomadaires lettres de Brandin, je serais moins tombée des nues. En effet, dans sa missive qui allait m'être envoyée de haute Provence, Marcel Brandin m'écrivait, « pour le Bengale, si Malraux ne vous a pas déjà parlé de son désir d'aller là-bas, et sans doute refaire la guerre d'Espagne avec votre appui (ne lui en parlez pas s'il ne vous en a rien dit)... »

Cela avait été un après-midi assez délirant. Dans l'esprit de Malraux, la légion de volontaires dont il s'était déclaré prêt à prendre la tête était déjà pratiquement constituée. Il est vrai que depuis les positions hardies qu'il avait adoptées plusieurs semaines auparavant, Malraux était submergé de propositions d'engagement. Malraux, l'Orient, une lutte de libération et pour une fois non dirigée par un parti communiste (quoique Pékin et Moscou ne fussent pas indifférentes à ce qui s'élaborait dans cette partie du monde ; la Chine, qui n'appréciait guère les efforts de l'Union soviétique pour

prédominer en Inde et poursuivre ce qu'elle estimait son encerclement stratégique, faisait, par
la force des choses, risette au Pakistan, et par
là même se trouvait fort gênée de la rébellion
de la province orientale d'autant qu'un des par-
tis-acteurs se réclamait d'elle), il y avait de quoi
enfiévrer les imaginations de jeunes et d'autres
qui l'étaient moins, celles d'idéalistes et aussi
de candidats mercenaires que le désespérant
état de paix de la France ne rassasiait pas.

Au point de vue tir, où en êtes-vous, m'avait
questionnée Malraux. Se voyait-il donc, à son
âge et surtout dans son état de santé alors fort
précaire, en train de jouer les voltigeurs de
pointe en ma compagnie. La taille dévorée par
la voussure de la colonne vertébrale, il ne mar-
chait plus qu'à petits pas incertains. Où était le
Malraux élancé qui galopait dans les escaliers
du boulevard des Capucines.

Je l'avais rassuré. Je m'exerçais de temps à
autre. Il y avait peu, nous nous étions même
défiés (sur une cible) avec le capitaine de gen-
darmerie de ma petite ville de haute Provence,
ancien membre de l'équipe de France militaire
de tir, au moyen de son colt à barillet 11 mm,
véritable bijou pour dames. Il faudra vous entraîner avant notre départ, me conseilla toutefois Malraux. J'acquiesçai pour lui faire plaisir
et bien que l'utilité de ce petit exercice ne m'ap-
parût guère.

Peut-être, par ce souci, ne montrait-il que ce
goût un peu mythique des armes que je lui ai
toujours connu. Ou plutôt sa volonté constante

de jouer l'expert en emploi d'armes diverses. Ce qui n'avait jamais laissé de me faire sourire (intérieurement). Car imaginer Malraux, ne serait-ce que démontant et graissant un Bren ou une Thompson sous ses chênes nains de Corrèze, ne pouvait qu'être plaisant, lui qui, tout le prouvait, n'était pas particulièrement doué pour la mécanique. Son stylo mis à part, je crois bien que sa paire de ciseaux pour découper ses manuscrits était le seul engin qu'il maniât avec dextérité. Mais cet intérêt, outre qu'il ressortissait à l'apanage traditionnel de la virilité, parfaisait sans doute, dans son esprit, son image de guerrier.

Ou peut-être Malraux espérait-il retrouver, plus que l'Espagne où sa guerre avait été aérienne, sa brigade Alsace-Lorraine lorsqu'il avait promené avec acharnement son petit béret noir et sa canadienne aux points les plus rudes des engagements, afin de souder hommes et officiers à sa bannière dans cette égalité de chances qu'évoque André Chamson *, ou de sculpter sa légende comme le soupçonne son ami écrivain et compagnon de combats, mais, me semble-t-il, d'abord par esthétisme.

Néanmoins le Malraux de la campagne de France avait 43 ans. Le Malraux du Bangla-Desh en aurait 70, mais usé par des nerfs trop vibrants depuis trop d'années, par un esprit sans repos trop sollicité par trop d'intérêt, par trop de nuits arrachées au quotidien pour la

---

* Op. cité.

conduite de son œuvre, avec, depuis trop longtemps, petites pilules pour s'empêcher de dormir le soir, puis petites pilules pour se réveiller le matin, le tout sans s'astreindre à ne pas boire d'alcool.

Ce n'était pas que j'éprouvais quelque scepticisme quant à la participation effective de Malraux à la lutte pour l'indépendance du Bengale. Toutefois, il ne me semblait pas qu'elle pût revêtir les formes qu'il paraissait imaginer. Même si les troupes indiennes n'entraient pas au Pakistan oriental, sous prétexte de prêter main forte aux nationalistes mais bien plus encore pour rappeler les intérêts de New Delhi — hypothèse qu'à peine l'avais-je soulevée, Malraux avait écartée d'un ondoiement de main car, contre toutes les évidences, il croyait encore en l'attachement d'Indira Gandhi à la démocratie et au non-interventionnisme pour la raison essentielle qu'elle était la fille du Pandhit Nehru — et donc si le temps lui était donné de former sa légion, je voyais bien davantage Malraux sous les traits du chantre de la lutte du Bengale libre, de son porte-parole auprès des nations du monde, de son ambassadeur itinérant, voire du catalyseur de sa nouvelle brigade, que sous l'uniforme de son commandant sur le terrain. Le petit béret noir barré de cinq galons dorés, cela faisait partie de la jeunesse à jamais évanouie.

Je prévoyais des valises plus lourdes de tenues de ville ou de soirée que de tenues de combat. Et c'est d'ailleurs ce genre de garderobe, que je recommandai à mon neveu aussitôt mobilisé pour compléter notre état-major. L'allure britannique de Jean-Patrick, sa haute taille et ses yeux bleus, son anglais excellent pour avoir vécu son enfance en Afrique du Sud, feraient merveille dans nos relations avec les autorités indiennes toujours imbues d'anglomanie. Ces qualités m'apparaissaient plus importantes que de le savoir bon conducteur et féru de mécanique. Que son âge lui eût évité le baptême du feu ne me tracassait guère.

Il faut que vous vous trouviez une secrétaire de confiance et qui parle anglais, naturellement. Qui sache conduire aussi, m'avait en effet recommandé Malraux. Vous, vous savez conduire une jeep, n'est-ce pas. Au crabotage près dont le maniement ne dépassait pas mes capacités intellectuelles, je me l'étais maintes fois prouvé, une jeep, l'apaisai-je, lui qui ne s'était jamais assis au volant d'une voiture, se conduisait comme n'importe quel autre véhicule. A roues s'entendait. Aucun, sauf ceux à remorque avec leur difficulté de manœuvres arrière, ne me posait de réels problèmes. Quant à ceux à chenilles, je reconnaissais que mes modestes essais, aussi divertissants qu'ils eussent été pour les bidasses de service, ne me permettaient pas de briguer un brevet de pilote de char. Une fois encore, je vérifiai ce que je n'ignorais pourtant pas, à savoir que si Malraux était doté d'une perception aiguë de la drôlerie des situations, de la cocasserie des événements, et surtout de l'incongru, il était dénué du moindre sens de l'humour. Il m'avait jeté un coup d'œil à dix heures qui incitait à changer de sujet.

En fait, je le trouvai étrangement tragique, à la veille d'une aussi exaltante expédition. A maintes reprises, durant nos deux heures de projets et de plans, l'évocation de la mort avait rayé la conversation. Si je meurs. Si je me fais tuer. Si je suis tué. Si l'on me tue. Imaginez-vous un attentat sur votre personne, avais-je fini par le questionner. Ce qui aurait expliqué son désir de me voir m'entraîner au pistolet, se souvenant sans doute que, durant la clandestinité — mais comme c'était loin — j'avais assuré, à l'occasion, la garde rapprochée de mon patron (du reste un peu trop confiant dans mes talents, à mon goût). Fariboles, m'avait répondu Malraux, mais pour ajouter aussitôt, ça ne serait pas idiot.

A la première alerte, j'avais supposé que Malraux me jouait et se jouait à lui-même la comédie par penchant romantique. Pour conférer une dimension dramatique à son engagement. Dans le passé, combien de fois n'avait-il pas répliqué à divers interlocuteurs, « ma mort ne m'intéresse pas ». Mais pour lui, n'était-ce pas la mort qui changeait la vie de l'homme en destin.

Consciemment ou pas, comment savoir, ce n'était pas exactement le genre de question facile à poser, Malraux ne souhaitait-il pas une mort tragique qui eût scellé, dans la gloire et le sang, son fulgurant parcours plus que tout autre scandé par les chants funèbres des morts arbitraires. Mort peu commune de son grand-père s'ouvrant le front d'un écart d'une hache double, suicide de son père, mort de son frère déporté Roland sur un bagne flottant de la Baltique, bombardé par les Alliés, mort de son dernier frère Claude fusillé par les Allemands, mort de Josette Clotis, la mère de ses deux fils, les jambes coupées par un train de la libération, mort des deux jeunes garçons dans un accident de voiture. Et pour finir, mort sans doute davantage banale de Louise de Vilmorin, mais avec qui il entamait une autre vie, et peut-être à cause d'une grippe soignée avec trop d'énergie de peur de manquer un séjour à la Mamounia.

Et s'étant persuadé qu'il courait à la mort à laquelle son esprit aspirait esthétiquement, alerté par un indéniable délabrement physique, n'était-ce pas un sursaut, un recul animal devant cette mort qui le retint, grandit les obstacles sur le chemin de New Delhi.

N'annulez pas votre voyage au Canada, m'avait recommandé Malraux, nous ne quitterons pas Paris avant la fin octobre ou le début novembre. Mme Gandhi m'a écrit. Elle doit venir en France bientôt. Je la verrai alors pour fixer les modalités de notre départ.

A l'époque, bien entendu, nul ne pouvait savoir, (sauf peut-être justement Mme Gandhi), que les événements évolueraient avec la rapidité que l'on sait. Je pris donc mon 747 pour

Montréal, ravie de n'avoir pas à renoncer à un voyage organisé de longue main, ne voulant pas reconnaître qu'il eût été tout de même plus sérieux de préparer la mise sur pied de notre force d'intervention dont la constitution, dans la mesure où elle ne ressortissait pas au domaine de l'imaginaire, devait poser un certain nombre de petits problèmes de recrutement, d'enrôlement, d'acheminement, sans compter ceux d'équipement, de maintenance, de logistique, outre les politiques et les diplomatiques... une fois sa forme eût-elle déjà été clairement définie.

Certes, il ne s'agissait pas de la glorieuse opération combinée franco-britannique de Suez qu'il m'avait été donné d'apprécier sur le terrain. Fort heureusement. Mais si j'en jugeais par les mois de travail d'états-majors entiers qu'elle avait nécessités pour mettre en mouvement des unités déjà organisées et dotées de moyens, cette négligence me rendait quelque peu perplexe. Mais me satisfaisait par ailleurs. Par la force des choses impréparées, Malraux se résoudrait au rôle qui lui revenait naturellement du fait de sa diminution physique et dans lequel il ne pouvait que faire merveille, à son habitude. Je craignais par-dessus tout qu'en voulant en jouer un autre, pour quoi il n'était à l'évidence plus fait, il ne prêtât le flanc à la moquerie. Trente-cinq ans après et en dépit des circonstances établies par des historiens incontestés, ne se trouvait-il pas des voix pour mettre en doute, non seulement l'efficacité, mais la participation même de son escadrille et la sienne propre aux combats des débuts de la guerre d'Espagne.

Il restait que je me demandais bien pourquoi Malraux m'avait choisie pour le seconder. Et moi, une femme, pour une expédition diplomatico-guerrière. De Gaulle eût-il été encore vivant et en train d'écrire la suite de ses *Mémoires d'Espoir* à la Boisserie, Malraux se fût-il aventuré à risquer un de ses commentaires cinglants ou, tout simplement, un de ses coups d'œil d'éléphant goguenard. Car, autour de Malraux, le choix ne devait pas être mince.

La guerre, ça vous connaît, avait-il jeté dans la conversation. Et je n'ignorais pas que, lorsqu'il parlait de moi, les Amazones faisaient figure de gamines joueuses. Certes, mais je n'en étais pas pour autant brevetée d'état-major. Et si ses compagnons de la Brigade n'étaient plus d'âge à jouer les officiers d'ordonnance, Malraux, durant ses onze ans au sein du gouvernement et aux côtés du général de Gaulle, devait avoir rencontré nombre de brillants diplômés de l'Ecole de guerre, avides de mettre en pratique leur théorie ou de retrouver la saine ambiance de la bagarre ou, tout au moins, de servir un tel personnage.

Vous avez été femme d'ambassadeur avait-il également lancé, donnant du grade à mon ex-mari qui, alors premier conseiller d'ambassade n'avait, du temps de notre bref mariage et de son poste à l'étranger, que joué les chargés d'affaires, plus souvent qu'il n'est d'usage il est vrai.

Avec votre anglais, pas de problèmes d'interprète, avait aussi tranché Malraux, s'imaginant bien à tort que je possédais parfaitement cette langue pour avoir traduit ses propos à des journalistes anglais et américains, avec un accent qui lui avait paru superbe et qui cachait, il ne s'en doutait pas, un cruel manque de pratique et de graves lacunes de vocabulaire, certes davantage sensibles dans le familier et l'argotique que dans l'élaboré. Où avez-vous piqué cet accent, m'avait-il demandé en 1958, après ma première séance d'interprétariat. Au cinéma, lui avais-je répondu de crainte de paraître snob en évoquant les misses britanniques dont mon enfance avait été affligée. Et ma réponse n'était d'ailleurs pas absolument injustifiée. Au reste, la manière lente et rocailleuse dont les Indiens usent d'un anglais conformiste, gommerait mes insuffisances. Tous ces atouts, même en partie usurpés, ne justifiaient pas, pour autant, mon élection.

A dire vrai, je n'ai jamais élucidé les raisons qui avaient déterminé ma distinction. Elles n'étaient cependant pas le fait d'une inspiration soudaine. Marcel Brandin devait me confier, quelques semaines plus tard, dans une des inoubliables lettres qui relayaient ses coups ou plutôt ses marées de téléphone, que depuis belle lurette écrivait-il, Malraux l'avait entretenu de ce projet.

En m'emmenant avec lui, Malraux espérait-il ressusciter l'allègre complicité du boulevard des Capucines. Mais d'autres que moi, pour la plupart retournés au service de l'Etat, se seraient volontiers fait mettre en congé pour la griserie et l'honneur de l'accompagner. Et qui, par leurs fonctions dans l'establishment, lui auraient apporté davantage de considération des foules qu'une obscure journaliste, renvoyée comme une bonne de la télévision trois ans plus tôt pour avoir osé faire la grève en toute légalité, n'exerçant plus ses talents que pour qui consentait encore, et de temps à autre, à les employer.

La vieillesse venue, Malraux préférait-il auprès de lui la présence nécessairement plus complaisante et attentionnée d'une femme. Mais alors pourquoi ne pas avoir élu la belle Sophie de Vilmorin, la nièce de Louise qui, avec une affection et un dévouement religieux, non seulement s'efforçait par son charme aussi discret qu'efficace d'effacer de Verrières le vide provoqué par la mort de sa tante et escortait Malraux dans ses déplacements, mais assurait avec compétence et autorité son secrétariat.

Peut-être représentais-je pour lui un cocktail de ses exigences du moment. Un attachement féminin, que rien ne saurait donc remettre en cause, doublé de l'ancien compagnonnage de lutte politique et de la fraternité de la guerre qui, bien que nous ne l'eussions pas faite ensemble, avait, d'emblée, sous-tendu nos relations. Une espèce d'androgyne moral, en somme.

Si j'étais rentrée de ma tournée nord-améri-
caine d'un mois, Mme Gandhi tardait à émerger
de l'Inde profonde. Au mépris de toute bienséance et quitte à faire enrager Mao, le vent
d'ouest soufflait donc plus fort que le vent d'est.
Les jours passaient. Sans que nous en eussions
d'ailleurs le moins du monde profité pour défi-
nir les formes de l'action de Malraux. Ce qui, à
l'évidence, écartait l'hypothèse militaire.

Pourquoi attendre cette visite, objectai-je à un
Malraux plein d'une confiance que je ne ressen-
tais pas, subodorant un piège. Mais il se refusait
à avoir l'air de forcer la main, non pas tellement à la fille du Pandhit Nehru, mais à une
première ministre. Toujours cette révérence incompréhensible pour les galons civils ou militaires, chez un personnage de si haut parage in-
tellectuel et moral. André Chamson rapporte
que, durant son commandement de la brigade
Alsace-Lorraine, Malraux paraissait ressentir
une certaine timidité devant le général de Lattre de Tassigny.

Or, pour ma part, je me moquais bien de
Mme Gandhi dont chaque jour écoulé me rendait l'attitude plus suspecte, d'ailleurs autant
envers Malraux, en dépit de la correspondance
qu'il affirmait entretenir avec elle, qu'envers le
futur Bangla-Desh. Ce que je craignais par-dessus tout, c'était que les belles proclamations de
Malraux ne s'effondrassent avec un retentis-
sant flop de pluie de mousson dans la boue de

la rizière indienne. A la grande joie des ricaneurs de service.

Enfin, Mme Gandhi vint. Pas pressée au reste, puisqu'elle n'honora Paris de sa visite qu'au retour de celles qu'elle avait accomplies à Washington et à Londres.

A la suite de leur rencontre, Malraux fit à la presse une déclaration si déconcertante — certains dirent pitoyable — que la plupart de mes confrères et nombre d'auditeurs et de téléspectateurs en vinrent à conclure qu'il n'était pas dans son état normal. S'il devait, par la suite, abandonner non seulement le whisky mais même le vin — et c'était pitié, non pas qu'il eût troqué le scotch de la fin d'après-midi pour du thé, mais lui, si fin amateur, de le voir, au restaurant, en hôte attentionné, commander avec soin les meilleurs crus pour votre satisfaction et ponctuer, pour sa part, les mets les plus délicats de la plus plate eau ou d'un jus d'orange — il usait encore de l'alcool, à l'époque. Néanmoins, je demeure persuadée que sa surprenante intervention devant les journalistes réunis à l'ambassade de l'Inde — où une fois encore, si ma mémoire ne me trahit pas, il laissa planer l'hypothèse de son assassinat — ne fut pas essentiellement due à une ingurgitation intempestive de whisky par un homme alors sous l'emprise de médicaments tranquillisants dont l'abreuvait son médecin traitant. Mais que son anormal état émotif fut suscité, avant tout, par le choc du contenu même de l'entrevue qu'il venait d'avoir avec Indira Gandhi.

La maîtresse de l'Inde, qui n'avait, me semble-t-il, pas revu Malraux depuis treize ans et
sa visite de 1958, avait-elle changé son fusil
d'épaule en retrouvant un homme tellement diminué. A cet automne 1971, Malraux s'achemi-
nait vers le grave accident de santé qui allait
le conduire à l'hôpital de la Salpêtrière. De ce
rude moment, sortiraient et son Lazare, et une
santé en partie recouvrée. Diminué physique-
ment surtout, certes. Mais chez qui la conversation, encore étonnante sans doute, ressemblait à celle du passé comme un feu d'artifice
de Romorantin aux bouquets des fêtes des pays
du vent d'est confectionnés par Pékin. Le fantastique instrument qu'était la mémoire de
jadis s'enrayait désormais de temps à autre jusqu'à l'obliger à chercher ses mots. Aussi ne sub-
juguait-il plus, ne laissait-il plus l'interlocuteur,
l'auditeur plutôt, pantois, confondu, ver de terre
ébloui, rôti par le soleil. Mais parfois, avouons-
le, décontenancé sinon attristé. Amoindrisse-
ment pour l'essentiel temporaire, qui rendait
d'ailleurs Malraux plus humain, plus proche,
mais qui le privait d'une grande part de fascination et donc de conviction.

Ou bien plutôt Mme Gandhi, qui jugeait fort
utile à ses desseins la position verbale de Malraux et ne se souciait guère d'introduire dans
ses petites affaires un témoin gênant qui eût
draîné dans son sillage nombre de correspondants de guerre fouineurs, mise au pied du mur,
lui avait-elle laissé entendre ce qu'il aurait dû
déduire de ses manœuvres dilatoires, à savoir

qu'elle n'entendait pas qu'il posât le pied en Inde.

Dès après-demain et son retour à New Delhi, m'assura néanmoins Malraux, très agacé de ce que mes prévisions s'avéraient — et il détestait avoir tort —, Mme Gandhi doit me télégraphier le feu vert. Il lui faut d'abord organiser ma sécurité.

La sécurité de Malraux devait être bien difficile à mettre au point. Le télégramme n'arrivait pas. Il est vrai que l'armée et la police — dans la mesure où elles avaient été sollicitées de préparer une aussi délicate opération — avaient alors d'autres chats à fouetter. Attention, prévins-je Malraux, des forces indiennes non officielles ont déjà pénétré au Bengale, cela ressort à l'évidence des dépêches de presse, vous allez vous faire feinter. Dans quelques jours, il va être trop tard.

Mais Malraux niait d'autant plus l'évidence qu'il se voyait mené en bateau. Ce qui me désolait. Afin de donner du poids à mon argumentation, je lui envoyai une lettre qui la résumait point par point. Et je lui proposai de prendre l'avion dans les deux jours (horaires divers à l'appui, y compris par Moscou), tandis qu'un télégramme posté après le décollage avertirait Mme Gandhi de notre arrivée, tel jour à telle heure. L'apprentie dictatrice (ce n'est pas ainsi que, prudemment, je qualifiais la première ministre), serait bien contrainte de recevoir André Malraux avec tous les honneurs dus à son rang.

Malraux refusa. Par la suite, il expliqua à notre ami Brandin que c'était faute de posséder un visa pour l'Inde. Objection ridicule. J'aurais bien voulu voir l'ambassade nous refuser des tampons accordés en quelques minutes à tout un chacun. C'était exclu. Le passeport de Malraux à la main, je me faisais fort d'expliquer à l'idoine de service les répercussions désolantes qu'une fin de non recevoir eût déclenché dans la presse internationale, ameutée dans l'heure par mes soins. Bien que repassée de l'autre côté de la barrière du journalisme depuis beau temps, je savais encore mon métier d'attachée de presse.

Décidément, Malraux n'était plus Malraux. Dieu sait pourtant si, quand il le désirait, il écartait les imprévus matériels d'un pfutt souligné d'un clignement de main. Il est vrai qu'étranger au plus simple quotidien et plus sensible que la tendre princesse, il se faisait souvent des montagnes du moindre petit pois dont, cependant, on le priait de ne pas s'occuper.

Et il advint ce qui était prévisible par toute personne sensée, à savoir que les troupes indiennes franchirent très officiellement et en masse la frontière du Pakistan oriental.

Malraux ne serait pas Byron. Ni par le combat. Ni par la mort aux côtés de ceux qui se battaient pour leur indépendance.

A mon soulagement stupéfié, les ricanements de la presse furent rares et modérés, même chez les satiristes professionnels. Trop tard, le renfort, titra seulement *Le Canard Enchaîné* tandis que la légende d'un dessin assurait que

Malraux s'était engagé dans les carabiniers d'Offenbach. Ce qui n'était vraiment pas méchant. A ma connaissance, aucun journaliste ou chroniqueur d'un organe décent ne souleva la question essentielle, pour moi aussi évidente qu'elle l'avait été pour Marcel Brandin, comme ses lettres de l'époque que j'ai sous les yeux en portent témoignage. A savoir celle de la peur. Son seul ami d'enfance conservé écrivait frousse. Par pudeur. Et aussi parce que le mot de peur s'associait si mal avec celui de Malraux. Le Malraux que tous ceux qui l'avaient rencontré au combat, en Espagne ou en France, amis ou adversaires, s'étaient accordés à créditer d'un invraisemblable courage.

C'est sans doute cette part incontestée et incontestable de sa légende qui protégea Malraux de toute attaque sur ce point délicat. Et aussi parce que mes confrères durent sentir ce qu'il y aurait de bas à se gausser d'une défaillance d'un homme, visiblement dépouillé de son contrôle par la maladie, bafoué dans sa générosité, bouleversé par l'humiliation qu'il venait de subir. Pitoyable en un mot. J'avais eu tort de ne pas leur faire confiance. Dans l'événement, ils montrèrent une grande délicatesse.

Pourquoi aller là-bas maintenant qu'ils n'ont plus d'intérêt à me tuer, déclara Malraux à *Paris-Match*. (Combien de fois enrageai-je, à la fin de sa vie, de le voir accorder des interviews inutiles ou à des interlocuteurs pas toujours bien choisis alors que, lorsqu'il était l'éblouissant Malraux, je devais plaider et prier, souvent sans succès, pour les envoyés des plus grands journaux du monde). Qui étaient donc ces Ils. Question sans réponse.

Sentant la part instinctive de soi-même que Malraux affaibli ne tenait plus en bride se cabrer devant l'idée de la mort violente qui l'obsédait alors, et qu'il avait à coup sûr évoqué devant elle par goût irrépressible du drame, Mme Gandhi avait-elle aussitôt découvert le poison qui paralyserait son encombrant visiteur potentiel. C'est plus que probable. N'avait-elle pas été jusqu'à prétendre qu'elle aurait du mal à assurer sa sécurité dans Calcutta même, nouveau Chicago avait-elle précisé. Pauvre première ministre sans pouvoirs. Risible.

Affolé d'humiliation et de mauvaise conscience, cancer qui devait le ronger de longues semaines, Malraux inventa de publier, le 18 décembre, dans *Le Figaro*, une lettre ouverte au président Nixon. Il y reprochait aux Etats-Unis, eux qui s'étaient constitués en se rebellant contre le Royaume-Uni, d'avoir soutenu le Pakistan dans son oppression des Bengalis. Fort bien. Mais pourquoi prétendre qu'il se préparait à partir le 15 décembre (comme par hasard au moment même de l'entrée officielle des troupes indiennes au Bengale), et avec cent cinquante officiers supérieurs, s'il vous plaît. Question qui n'engendre qu'une réponse. Camoufler un échec sous des voiles grandioses.

Malraux allait tout de même s'y rendre, au

Bangla-Desh encore bien fragile mais décidé à le remercier de son appui moral. Au mois d'avril 1973. Bien normalement, puisqu'il n'était plus question de mission impossible, ce fut Sophie de Vilmorin qui allait être appelée à l'accompagner. Mais en raison de ma participation prévue en 1971, l'agence *France-Presse* fit la confusion et annonça mon départ dans les valises de Malraux. Aussitôt l'agence de features qu'avait créée *Paris-Match* m'appela au téléphone dans ma haute Provence. Cette fois, pas même au courant de l'invitation reçue par Malraux, je tombai d'encore plus haut de mes nues vauclusiennes. Détrompé, mon correspondant me proposa de m'envoyer au Bangla-Desh pour le compte de la petite agence, sous condition que je suivrais Malraux dans le moindre de ses déplacements.

Il va de soi que l'idée me séduisit. D'autant plus que *France-Culture* me proposait dans l'instant d'assurer pour la chaîne nationale un reportage enregistré. J'appelai Verrières. Malraux accepterait-il de m'accorder une place de journaliste privilégié. Après tout, me dis-je, rien de plus facile pour lui. Nos liens connus, la part, pour modeste qu'elle eût dû être, que Malraux m'avait réservée dans ses projets antérieurs, feraient que même mes confrères accepteraient la chose de la meilleure grâce. D'ailleurs, Malraux me devait bien cette compensation de notre déconfiture passée.

Sophie de Vilmorin me rappela dans l'heure. Malraux refusait. Il estimait qu'il ne pouvait se promener avec SA journaliste. Puisque je ne pouvais lui garantir cette exclusivité, l'agence de *Match* renonça à prendre le risque moné- taire du reportage, alors que, dans le cas contraire, elle se faisait fort de vendre mes pa- piers dans le monde entier. Or, je connaissais trop bien mon Malraux pour ne pas être cer- taine que, m'eût-il trouvée dans son avion, il m'aurait ménagé une place auprès de lui durant tout le voyage. Forte de ma conviction, j'aurais dû prétendre avoir obtenu l'accord de Malraux. C'était exclu.

Je ne suivis donc pas Malraux au Bangla- Desh. En toute honnêteté, je crois cependant pouvoir affirmer que mes reportages — que l'agence eût à l'évidence revendus au grand heb- domadaire du même nom — eussent revêtu un autre caractère que ceux qu'il publia. Pour l'excellente raison que je n'aurais pas livré aux lecteurs ma vue des choses — politiques et sur- tout artistiques —, mais celle de Malraux.

Dans une lettre, datée du 15 avril 1973, au lendemain même du jour où Malraux prenait son avion, Marcel Brandin devait me confier, « je persiste à croire que c'est votre lucidité qui a effrayé André. Il peut raconter n'importe quoi à des journalistes inconnus, quitte à dé- mentir ensuite (ça c'est déjà fait quand il regret- tait ses paroles). Mais il sait que, comme moi, vous seriez capable de lui faire comprendre d'un haussement de sourcils, pas à moi, quand même ! Or il préfère — je m'en suis rendu compte — commettre une bêtise tout seul que d'être vexé si on l'empêche de l'entreprendre. Je suis sans doute très coupeur de cheveux en quatre mais, avec lui, il faut aller loin pour le saisir, vous le savez bien. Je crains que Sophie n'ait pas le cran — étant trop douce — de lui dire d'arrêter s'il franchit la limite. Il est évident que votre présence n'aurait choqué personne là-bas, même si on avait pensé qu'il venait avec son, ou sa journaliste... ».

Ma lucidité ? Voire. Malraux craignait sans doute de ne pouvoir broder sur les événements de l'automne 1971 et son départ manqué au secours du Bangla-Desh, devant un témoin qui, lucide ou pas, eût effectivement levé le sourcil en cas d'enjolivement trop patent. De petite tricherie qui eût risqué de ternir son image. Mais certes pas dans celui d'une des somptueuses sublimations du Malraux des grands jours. Car c'est la mission des poètes — et quel poète de l'art et de l'histoire Malraux n'était-il pas — que de décrypter la signification de l'événement, de le dégager de la gangue de l'apparence, de le sculpter jusqu'à lui conférer la forme des rêves (millénaires, aurait ajouté Malraux) des hommes, de hausser son octave jusqu'à le faire entrer en résonance avec leur musique profonde afin de leur faire percevoir leur propre part de sacré.

Néanmoins, parce que notre amitié était fondée sur du sérieux, comme il l'aurait qualifiée, Malraux me pardonna encore, et cette fois de m'avoir privée d'un beau reportage. Il allait me le prouver dans les mois qui suivirent en présentant à son éditeur Gallimard un roman qui venait de m'être refusé par mon propre éditeur, puis par deux autres éditeurs, pour des raisons d'ailleurs diamétralement opposées. D'où moral en chute libre. Ce qui, lorsque celle-ci n'est pas contrôlée, est fort déprimant pour une parachutiste. J'avais fini par lui envoyer le manuscrit. Huit jours plus tard il me faisait téléphoner de venir le voir.

Prétendre que je me sentais à mon aise, en entrant, non pas cette fois dans son bureau, mais dans le salon bleu de Verrières, serait un mensonge effronté. Montrer un manuscrit à un proche m'est une torture. Comme si je doutais de moi-même tant que l'imprimatur ne m'a pas été délivré et ne se trouve pas confirmé par l'objet-livre. Cela doit ressortir à mon esprit petit-bourgeois caractérisé, soucieux de la bénédiction des hiérarchies.

Après la parution de *Regarde-Toi Qui Meurs,* au cours d'un de nos déjeuners, Malraux m'avait reproché de ne pas lui avoir soumis mon manuscrit. J'y avais certes songé, mais je n'avais pas osé. « Pour la seconde partie de votre ouvrage, je vous aurais conseillé de faire comme Pierre Bezoukhov à Borodino, au lieu de réfléchir à l'action après sa description. Vous donniez ainsi à l'action sa troisième dimension ». Malraux avait sans doute raison. A ceci près — et je le lui fis remarquer — que je n'étais pas Tolstoï et que ce n'était pas *Guerre et Paix* que j'avais écrit. Encore que, aurais-je eu la tête moins solide sur les épaules, j'eusse pu en douter un bref instant. En effet, avec un sang-froid bien de sa marque, Malraux n'allait-il pas décréter aussitôt que, dans deux cents ans, quand on lirait mon livre... mais là j'avoue que je n'ai pas gardé en mémoire la conclusion accordée à cette proposition tant, sans doute, elle m'avait interloquée.

Le « ça va » jeté avec une poignée de mains en guise de souhaits de bienvenue, « votre roman est bon » me lança Malraux avant que j'aie eu le temps de m'installer dans un fauteuil. Et, comme je trônais dans un moelleux petit nuage, il se mit à me disséquer mes personnages deux fois mieux que je n'aurais été capable de le faire moi-même, se souvenant des moindres détours de l'intrigue.

Que, tout occupé à la poursuite de son œuvre, il eût accordé autant d'attention à un manuscrit étranger, même proposé par quelqu'un qui ne lui était pas indifférent, de plus en l'espace d'une semaine et alors que sa santé ne pouvait que lui procurer des soucis et entraver son propre travail, me confondait d'admiration. Et lorsqu'il trancha, « la seule chose qui ne colle pas, mais vous allez trouver une solution géniale en huit jours, c'est ça, car pour vous et moi c'est évident, pas pour le lecteur Tartempion », j'admirai davantage encore. Car le « ça » en question, aucun critique d'une maison d'édition ne

129

l'avait relevé. Or je savais très bien que là résidait la faiblesse de mon développement. **Mais, par paresse** intellectuelle, par commodité, **par** lassitude aussi, je n'avais pas voulu tenir compte de mes propres réserves.

Poussée dans mes retranchements, force m'était de m'exécuter. Encore que j'eusse promis une solution, mais sûrement pas géniale. Celle que je découvris convint à Malraux. Elle n'empêcha pas Gallimard de repousser le manuscrit. Qui, en revanche, fut accepté dans le même temps par deux autres éditeurs. Comme ce fut le troisième qui l'obtint après bien des péripéties, je compte que le lecteur de ce présent témoignage se précipitera pour le dévorer dès que le temps me sera donné de lui apporter les dernières corrections afin qu'il voie ce jour que, n'en doutons pas, il mérite.

★

Déroutant Malraux. A qui l'on ne pouvait porter qu'une amitié absolue parce qu'émerveillée, lorsqu'il vous était donné, même infime satellite, d'entrer dans sa vertigineuse orbite. Et peut-être précisément parce qu'il était toujours

inattendu, que l'on ne pouvait jamais se fonder
sur ses réactions, ses prises de position, écloses
de l'humus de son génie et de sa culture monstrueuse, alors que vous en préjugiez d'après
l'aune de vos moyens limités. Comment l'aigle
et la fourmi pourraient-ils avoir la même vision. Que l'oiseau impérial ait toujours raison
dans le jugement des choses de la terre est une
autre question.

Déconcertant Malraux, blessé par la mort de
ses deux fils au point que, m'a-t-on rapporté
— je vivais alors hors de France —, les tics nerveux qui lui dévoraient le visage depuis sa jeunesse l'avaient soudain abandonné pendant des
jours interminables, absence si effrayante pour
ses proches qu'ils avaient formé des vœux pour
leur réapparition déformante, gage d'un retour
à l'équilibre coutumier. Mais capable de rompre de longues années durant avec sa fille, cou-
pable d'avoir signé un manifeste d'intellectuels
où avait été mise en cause la politique du général de Gaulle. De l'intouchable de Gaulle.

Et pourtant ne me tenant, à moi, nulle rigueur d'avoir compté parmi les meneurs d'une
grève, de Gaulle « regnante ». Demeurant même
parmi les rares barons à ne pas m'avoir vouée
au bûcher des hérétiques. Pour avoir compris
certes — et sans doute contre de Gaulle, quoique se refusant à l'admettre — que j'avais agi
dans la droite ligne des principes du gaullisme.

Conscient à l'évidence de ce qui était dû à
son personnage hors du commun — quoiqu'aussi peu infatué que possible puisque s'adressant

à vous comme si vous étiez doté du même cerveau — et acceptant avec une rare bonne grâce certaines situations comiques.

Ainsi par une fin d'après-midi d'été de 1949 ou 1950, du temps des Capucines, m'avait-il mandée dans son bureau. Macchi fait réviser ma voiture demain, m'avait-il prévenue. Puisque vous vous en êtes offert une, voulez-vous passer me prendre demain matin à Boulogne.

Sans doute avais-je annoncé ce grand événement à Malraux, l'achat de ma première voiture. Toutefois, Caroline n'avait pas encore eu l'avantage de lui être présentée et je m'étais abstenue de préciser à Malraux qu'il s'agissait d'un rossignol à la portée de ma plate bourse. Il m'avait coûté, je m'en souviens encore, 50 000 francs, deux mois de mon salaire de dactylo débutante. Fort amusant il est vrai, puisqu'il s'agissait d'une 5 CV Citroën 1920. Non point du modèle qualifié de cul-de-poule, mais celui dont l'arrière-train, pour être arrondi, ne déparait pas ce petit monument historique. Caroline était une décapotée plus qu'une décapotable, car l'objet incriminé s'était, sous l'égide d'un propriétaire inconnu, transformé en charpie. Ce dernier ou un autre de ses maîtres, doté du sens de l'humour, l'avait en outre parée d'une antenne de radio. Sans appareil de réception, il va de soi. Afin de lui conférer un supplément de grandeur, j'avais orné le mât stérile du cabriolet d'un pavillon noir, décoré à la peinture blanche d'une tête de mort agrémentée de tibias entrecroisés. Cet enfantillage avait d'ailleurs failli m'attirer les foudres de la police.

Par un dimanche matin ensoleillé, sur l'Autoroute (il n'en existait qu'une, à l'époque, celle de Versailles, qui se déroulait sur quelque malheureux trente kilomètres), je m'étais fait arrêter par deux motards, attirés par ce véhicule incongru, puis alléchés par mon pavillon de flibustier. Pour les bi-roues, je n'avais pas le droit d'arborer ces couleurs bien que je leur eusse assuré que, contrairement à ce que leur faisaient voir leurs sens abusés, Caroline était une goélette. Je n'avais pas le droit de posséder une antenne sans poste de radio correspondant. Je n'avais pas le droit, que sais-je encore. Exaspérés par mes railleries, les casqués-bottés m'avaient réclamé mes papiers. Lorsqu'ils avaient aperçu, dans mon porte-documents d'identité, ma carte de service du R.P.F., discrètement bariolée de bleu, de blanc et de rouge. Ah, mais vous en êtes, il fallait le dire, s'étaient alors exclamés les compères, hilares. Et, avec un beau sens de l'équité, « ça va, on est copains, vous n'avez qu'à filer ». Et ma carte grise, mon pavillon noir, ma radio absente ? Bof, aucune importance. Et d'enfourcher leurs Harley-Davidson déjà pétaradantes avec de grands rires enchantés et complices.

Il faut avouer que nous nous faisions remarquer, avec ma Caroline. D'autant qu'elle avait la fâcheuse habitude de perdre à un moment ou à un autre, sans motif évident, une de ses trois vitesses. Une absence momentanée de la seconde ou de la troisième, cela passait encore, car je m'en passais le temps qu'elle daignât réapparaître. Mais la première, c'était navrant. Car démarrer en seconde ou monter à ce régime la moindre côte, ne fût-ce que la colline de Chaillot, excédait les prétentions du moteur cacochyme. Néanmoins, dans le Paris de l'époque, les habitants et les agents de la circulation ne présentaient que peu de ressemblance avec ceux d'aujourd'hui. Il se trouvait toujours un ou deux passants — et même un jour, une dame fort élégante, gantée et chapeautée, avenue du président Wilson — ou un flic pour me pousser. Tout le monde riait et je m'éloignais en hoquetant. Ou, plutôt, Caroline hoquetant, ce qui était sa manière de s'esbaudir et de saluer l'aide apportée.

A l'invite de Malraux, j'aurais pu lui présenter la fiche signalétique de mon carrosse. Mais à l'espièglerie naturelle de la jeunesse, s'ajoutait alors le besoin frénétique de rire qui me tenait depuis mon retour de déportation. En outre, bien qu'enchantée — au sens propre du terme — par Malraux, ma passion me portait non point à un encensement aveugle, mais bien au contraire à l'étude du personnage. Je l'assurai donc que je me trouverais devant chez lui, avenue Victor-Hugo, à Boulogne, le lendemain à 9 h 15 précises.

A l'heure dite, l'air le plus naturel du monde, je l'escortai vers Caroline. Quand Malraux comprit que cette chose était bien ma voiture, il afficha un bref éclair d'étonnement. Puis un sourire amusé. Ça roule, ça nage ou ça vole, votre engin m'interrogea-t-il. Ça roule, affirmai-je doctement, les doigts croisés pour conjurer la perte de ma première vitesse. Et Malraux s'installa comme s'il se fût agi du plus élégant coupé.

C'est alors que nous démarrions — mon démon protecteur veillait — que Malraux nota le pavillon noir à tête de mort. A votre place, j'ajouterais quelques pots de bégonias, me conseilla-t-il. Mais si, à chaque tour de roues, ils grandissaient et devenaient géants, répliquai-je, en allusion directe à notre cher Helzapoppin. Grave, répondit-il, vous seriez obligée d'enlever votre pavillon noir qui ne ferait pas sérieux sur une pirogue, dans la forêt vierge. Puis, comme si nous venions de régler un problème de bureau, Malraux se plongea sans plus de commentaires dans la lecture d'un quotidien. Ce n'était pas le vent de la course qui le gênait.

Mon espoir était de rencontrer quelqu'un de connaissance sur notre chemin, ou à notre arrivée à l'Opéra. Stopper à un feu rouge, flanc à flanc avec la voiture du général de Gaulle, eût constitué une apothéose. Le sort, cette fois contraire, ne permit à personne de nos relations d'admirer Malraux en cet équipage. Tu es vraiment complètement cinglée, commentèrent les copains du bureau, à qui je relatais en riant notre croisière. Pourquoi cinglée. Je ne l'avais pas tué, leur Malraux. A mon sens, je n'avais en rien compromis sa dignité. Bien au contraire, son refus de se laisser aller au conformisme, son goût du cocasse — sur quoi j'avais, il est vrai, tablé — l'avait fait encore grimper, s'il était possible, dans mon échelle des valeurs.

En tout cas, il n'avait pas eu ce recul offensé que devait montrer, quelque temps plus tard, un de nos amis de la rue de Solférino, futur député et futur secrétaire-général d'un des avatars quelconques de l'U.N.R. ou U.D.R. ou je ne sais quoi, à qui, pour le convaincre de monter dans mon cabriolet sans compromettre sa dignité, je dus citer ce précédent illustre et réconfortant. Le manque de sens de l'humour de ce second client notable fut d'ailleurs puni. Au beau milieu de la place de la Concorde, il nous fallut le secours d'un agent de police pour pallier le défaut provisoire de ma fantaisiste première vitesse. Ce qui me ravit.

Je le fus moins lorsque, au printemps 1951 me semble-t-il, afin de résoudre un aussi urgent qu'épineux problème de transport en province où Malraux devait tenir deux réunions, à Limoges et à Bordeaux si ma mémoire ne me trahit pas, je lui proposai, en dernier recours, de le faire emmener en avion d'aéro-club par un de mes jeunes amis, féru de pilotage. L'aviation commerciale intérieure n'était pas encore née ou balbutiait à peine. Malraux connaissait de vue Serge Helfer, fils d'une de mes amies. Dans l'attente de partir effectuer son instruction de pilote militaire aux Etats-Unis, il s'était mis à

136

la disposition de notre bureau. Certes, Serge possédait le brevet nécessaire. Certes, il m'avait fait expérimenter ses talents au-dessus de la Seine-et-Oise. Certes, j'avais cru de mon devoir de soumettre cette solution à Malraux. Mais j'avais espéré, dans mon for intérieur, qu'il la rejetterait. A ma déconvenue, sans prendre le moindre renseignement sur les qualités de pilote du jeune garçon, sans se préoccuper des possibilités techniques de l'appareil dont nous pourrions disposer, il me donna son accord, sans l'ombre d'une hésitation.

Cette fois, ce n'était pas d'apparence de dignité qu'il s'agissait, mais de sécurité. S'il n'avait jamais piloté, Malraux, bien sûr, n'était pas un bleu de l'aviation. Il avait pris, c'était entendu, d'autres risques en avion, ne fût-ce que lors de sa quête du royaume de Saba avec Corniglion-Molinier en 1934 et surtout durant la guerre d'Espagne. Mais j'admirai qu'il confiât sa vie et celle de sa femme à un très jeune pilote amateur de mes amis qu'il avait aperçu trois fois dans les couloirs du bureau. Durant tout le périple je me rongeai, attendant les coups de téléphone, malade de terreur à l'idée d'un possible accident, d'autant que la météo était déprimante. Votre petit copain est très bien, conclut Malraux à son retour. Il fera un excellent pilote de chasse. Malraux ne songea même pas à me commenter leur premier atterrissage, un peu acrobatique si mes renseignements étaient bons, sous des trombes d'eau. Le sérieux, ce n'était pas cela, mais les discours qu'il avait prononcés et le nombre d'auditeurs et de militants qu'il avait réunis.

Si les discours du ministre Malraux ont été soigneusement écrits, ligne à ligne, le responsable de la propagande du R.P.F. ne notait que quelques phrases clefs et ses formules étonnantes dont le choc des images et des sons produisait un effet quasi magique sur les auditeurs. Et dont il se reservait d'ailleurs sans vergogne.

Le roulement des vagues successives du déferlement de sa déclamation fascinait comme celui de la mer même si, curieusement, retransmis par les ondes ou la pellicule, il touchait parfois au ridicule. Qui n'a assisté à telle réunion au Vélodrome d'hiver des années 47-50, les galeries bourrées au-delà de la sécurité, ne peut mesurer la transe extatique que son incantation pouvait provoquer chez tout un peuple qui, à l'évidence — ne serait-ce qu'à cause de la sonorisation rudimentaire et des échos qui s'entrechoquaient —, n'assimilait au passage que quelques mots épars, au mieux quelques bribes. Cette jubilation rien moins qu'intellectuelle revêtait d'ailleurs un caractère assez effrayant. Elle provoquait en moi un profond malaise. Je n'ai jamais apprécié les délires collectifs.

Dans les tribunes ou les places de parterre réservées à la presse, il était possible de ne pas perdre un mot du chant haletant. La charge émotive du verbe malrussien était telle que, je le jure, à Marseille en 1948, j'ai vu des journalistes anglais et américains, au milieu de qui je me trouvais, les yeux brouillés à l'image des joncs murmurants et penchés, s'inclinant sur la plaine de Paris abandonné. Et à cette évocation de De Gaulle, « l'homme qui, s'était écrié Malraux, sur le terrible sommeil de ce pays, en maintint l'honneur comme un invincible songe ; mais aussi le seul dont, depuis des siècles la France ait pu dire, pendant des années, par-delà les passions misérables que nous entendons gargouiller aujourd'hui : Il n'est si pauvre fileuse en France qui n'eût filé pour payer sa rançon... »

Marseille, avril 1948. C'étaient les premières assises, me semble-t-il, du R.P.F. De Gaulle y avait prononcé son discours sur un ponton dressé dans le Vieux Port, face à la foule qui se pressait sur les quais. La masse était si considérable que, à plusieurs reprises et en dépit des barrières, nous avions craint que les premiers rangs ne fussent poussés à l'eau. Bain imprévu auquel, pour ma part, je n'échappai pas. En sautant du podium ménagé pour la presse filmée où j'avais distribué aux cameramen le discours de De Gaulle, dans la barque qui devait m'amener au ponton, oubliant, dans mon élan, l'étroitesse de ma jupe, je plongeai dans la Grande Bleue — qui ne l'était pas tellement, à cet endroit — rattrapée par le bras secourable de notre fidèle Rébuffat, l'envoyé traditionnel de la *Paramount*. D'où mon souvenir toujours frais de ces jour-

nées, outre que je faillis me faire échar-
per, l'après-midi, par des contre-manifestants
communistes, arrachée cette fois à leurs poings
amicaux par ceux, tout aussi cordiaux, de mon
ami Jean Ferniot, alors journaliste à *Libération*.

La veille, Malraux avait prononcé ce discours,
le plus beau, dans ma mémoire du moins, des
années du R.P.F. Nous étions descendus à l'hôtel d'Arbois, auquel j'adresse toujours un petit
signe de reconnaissance lorsque je l'aperçois,
en souvenir de la soirée que nous y passâmes.

La direction avait mis un salon à notre disposition. Après le dîner, dans la lumière tamisée,
notre demi-douzaine d'élus — Diomède Catroux,
Christian Fouchet, Pierre Lefranc, parmi eux
— assis autour de Malraux, qui dans des
fauteuils, qui par terre sur des coussins, moi à
ses pieds, nous écoutâmes d'abord sa femme
Madeleine nous jouer une novelette de Schu-
mann. Puis, comme nous disions alors, nous
refîmes le monde en buvant du champagne. Encore sous l'influence de son transport du matin, sensible à cette atmosphère de complicité
qu'il aimait par-dessus tout, il fut, jusque fort
avant dans la nuit, le Malraux le plus chaleu-
reux, le plus découvert et le plus éblouissant que
j'aie jamais vu, nous offrant une *Légende du
Siècle* d'avant la lettre, sans caméras et sans
l'usure de près d'un quart de siècle et surtout
de la maladie. Le plus gaiement fraternel aussi.
Ce fut la seule fois qu'il me tutoyât.

Son transport du matin ? Oui, car Malraux entrait vraiment en état second, lorsqu'il parlait en public, à cette époque où il ne rédigeait pas ses discours. Une preuve m'en fut donnée durant les assises du Rassemblement que nous tînmes à Strasbourg, lors de ces courtes années. A la fin de la première matinée, dans une petite salle du bâtiment qui nous avait été prêté, Malraux devait s'adresser aux divers délégués régionaux et départementaux. N'ayant pas terminé de traiter les problèmes spécifiques de la presse pour le bénéfice de nos propres délégués, dans une pièce voisine, je débarquai avec ce petit monde alors que Malraux avait déjà entamé son adresse. Debout dans un coin du fond de la salle, je l'écoutai, comme toujours confondue par l'élévation exaltante de ses paroles, et d'autant que je sortais de me dépêtrer difficultueusement d'un exposé fort terre à terre... et que c'était la première fois qu'une telle tâche m'avait été impartie.

Malraux concluait à peine qu'un de mes voisins m'interpella. Pouvais-je lui expliquer les premiers thèmes de l'intervention du chef de la propagande. Il n'avait pas très bien compris. Ce qui ne m'étonnait pas particulièrement. Malraux, je l'ai dit, s'imaginait toujours ses interlocuteurs aussi riches et agiles d'esprit que lui. Faute d'avoir entendu cette partie de l'exposé, c'est très simple, promis-je à mon interlocuteur, je vais aller le lui demander. Et de joindre l'acte à la parole. Je me frayai un chemin dans le mur de dos et de poitrines mâles jusqu'à mon patron. Ce que j'ai dit au début, répliqua Malraux à ma question, mais comment voulez-vous que je m'en souvienne. Lorsque l'on jouissait d'une mémoire aussi fantastique que la sienne, la réponse était significative.

Il savait tout sur tout. C'en était décourageant. C'est dire que je me souviens encore du seul point que j'aie jamais marqué. C'était à la fin de 1964 ou au début de 1965, peu après mon retour d'un très long voyage en Extrême-Orient et d'un séjour en Chine. Nous évoquions ma modeste expérience chinoise à un déjeuner chez Lasserre. A l'époque donc où l'ordinateur fonctionnait encore à merveille. Nous parlions des origines du P.C. chinois. Ses pères fondateurs passés en revue, le nom de l'un d'eux échappait cependant à Malraux. Chen Tu-hsiu, l'aidai-je, saluée du regard en contre-plongée oblique. Triomphante sans doute, mais un peu mal à l'aise aussi. C'était la première fois que je voyais la superbe machine s'enrayer. Sur un point de détail, il est vrai. Mais je ne devais jamais l'oublier. Par forfanterie d'abord. Par crainte ensuite, en songeant qu'il s'agissait peut-être là d'un signe.

Certes, déroutant Malraux. Généreux, non seulement par les idées et les engagements, mais dans le quotidien. Et capable d'égoïsmes ou d'apparentes indifférences au-delà des normes masculines et des limites de la protection que tout homme public ou écrivain doit à sa charge et à son œuvre. Prêt à accorder des heures précieuses à des amitiés sans profit autre qu'affectif, telle la mienne, à des apprentis écrivains ou d'obscurs faiseurs de thèse, et ne prenant pas une heure, en voisin — nous étions installés à l'époque rue de Solférino — pour aller au moins assister à la levée du corps de son ami et compagnon de jadis André Gide, mort en février 1951. Ministre des affaires culturelles, ne prononçant pas un mot officiel à l'occasion du décès de Camus, en janvier 1961, et de Cocteau, en octobre 1963. Alors que, à ce poste, il gratifiait d'oraisons funèbres Braque et Le Corbusier, dans la cour du Louvre. Et restant muet — mais il est vrai alors dépossédé de toute charge officielle — au moment de la mort, en 1973, de celui qu'il considérait comme le plus grand génie artistique du XXe siècle, le généreux testateur en faveur de la France que fut Picasso. Qui n'en deviendra pas moins peu après le motif central et le prétexte de *La Tête d'Obsidienne*.

Malraux, qui avait hanté les cercles littéraires parisiens avant la guerre, participé à des colloques comme ceux de Pontigny, les avait désertés aussitôt se fut-il assis dans son premier fauteuil de ministre (de l'information) de De Gaulle, en novembre 1945. Parce que les salons n'étaient plus nécessaires à sa carrière ? Plutôt parce qu'il n'y était plus entraîné en raison du

143

changement d'orientation de sa vie, littéraire certes, mais aussi privée et politique. Chez tous ceux qui y ont participé activement, la guerre avait opéré, ce n'est pas niable, une césure, un tri dans les amitiés. Mais le tamis de la politique d'après 1945 devait se révéler, semble-t-il, encore plus déterminant chez Malraux.

Du temps des Capucines, il voyait beaucoup Albert Ollivier ou Pascal Pia — qui avaient accepté des responsabilités au R.P.F. — mais jamais Sartre ou Camus qu'il avait pourtant rencontrés au journal *Combat* de la libération. Un matin, au bureau, tout excitée d'avoir approché, la veille au soir, Sartre, Beauvoir et Camus, autour d'une table du bar du Pont-Royal où Koestler m'avait amenée avant d'aller dîner, je voulus lui raconter cette expérience, fabuleuse pour moi. Et alors, me doucha-t-il. Pourtant, s'il détestait ses confrères, selon les propres termes d'une des lettres que m'écrivit son ami Brandin, jamais je n'ai entendu Malraux prononcer la moindre parole malveillante à leur sujet. Ou de qui que ce soit.

Que pensez-vous d'Untel demandait-il souvent, en revanche. Ou bien, parmi les notes manuscrites qu'il vous glissait à la fin des entrevues de bureau, était écrit, « me parler demain matin de X. » Il écoutait alors l'avis, faisait préciser des points de détail, mais ne concluait jamais défavorablement. Tout au moins lorsqu'il s'agissait de quelqu'un de notre entourage. Et lorsque, au détour d'une conversation, on se laissait aller à gratifier d'une petite vacherie quelqu'un de ses relations à propos de qui il ne vous avait pas interrogé, mais avec qui on le savait en désaccord, il agitait le plus souvent une main en volute, comme on joue de l'éventail, autrement dit, fariboles, le propos n'est pas là.

Un jour de 1958, rue de Varenne, j'avais trouvé le message, « à votre sens, quid de Massu. Se faire passer au troisième degré, du cirque ou du sérieux. Me faire une note. »

Cette histoire faisait alors quelques bruits, du général Massu qui s'était fait appliquer, en Algérie, le stade affirmé ultime de la torture, peut-être afin de prouver qu'il s'agissait d'une aimable plaisanterie, un dérivé de la conversation de salon des parachutistes, que toute âme bien née supportait en souriant comme un doigt de pied molesté par un talon dans un cocktail. Outre l'impudeur du geste, l'expérience tenait à mon sens, effectivement du cirque. Quelle comparaison pouvait-il y avoir entre un officier supérieur qui se remettait à des mains subordonnées pour une épreuve dont il connaissait les détails précis, la limite dans le temps et qui n'avait, plus encore, aucun secret à protéger, et le malheureux qui, livré à des ennemis, ignore tout des renseignements qu'ils détiennent à son sujet, des divers jeux de société qui vont lui être imposés, mais sait en revanche qu'ils pourront durer tant qu'il ne parlera pas et peut-être jusqu'à la mort. Qui crève donc d'angoisse devant l'inconnu et de peur de lâcher. Massu est allé chez le dentiste, avais-je conclu, la belle affaire.

D'accord avec vous, avait simplement commenté Malraux, après avoir lu ma note. Mais je voulais l'avis d'une spécialiste, avait-il ajouté avec son sourire en U de Bodhisattva.

Une seule fois je l'ai entendu railler — sans nulle méchanceté au reste — un de ses collègues ministre. C'était le soir du 2 décembre 1958. Malraux rentrait d'avoir accompagné le général de Gaulle qui partait pour l'Algérie. Tout riant, ce qui était rare chez lui, il me raconta qu'en attendant la voiture du général, ils avaient arpenté, avec Couve de Murville, le terrain militaire de Villacoublay. Immense, rouge flamboyant, le soleil s'engloutissait dans un banc de brume noire. Frappé de la grandeur du spectacle et du rapprochement des dates, Malraux s'était lancé dans une belle envolée hugolienne — ou malrussienne — « Eh bien oui, cher ami, l'avait coupé le ministre des affaires étrangères, le soleil se couche comme tous les soirs, il fait beau et nous sommes en plaine, donc nous le voyons se coucher ». Austerlitz mort, avait conclu Malraux.

Dans les années 70, au cours d'un déjeuner pris en tête à tête sur la petite table que le valet de chambre dressait dans un coin de son bureau, à Verrières, comme nous évoquions Couve, je rappelai en ricanant l'anecdote à Malraux. Il m'affirma ne pas s'en souvenir. Mais de la pointe d'humeur qu'il afficha, je tirai la conclusion que, bien que sa mémoire fût déjà atteinte, il regrettait de s'être laissé aller à dauber un homme pour qui il avait de l'estime. Qui, surtout, avait été ministre, et même premier ministre, de De Gaulle.

Autant que la moquerie, le rire — le vrai grand rire — était rare chez Malraux. Pourtant, je l'ai surpris une fois à s'esclaffer, et du plus grand cœur. Parce que le récit que je venais de lui faire était du genre qui l'enchantait.

Pour le premier Quatorze juillet de son retour au pouvoir — si ma mémoire ne me joue pas de tours — de Gaulle avait invité mille et un représentants africains, grands et petits chefs. Les petits étant, bien sûr, les plus pittoresques. Pour quelle raison Malraux avait-il reçu la mission de superviser l'organisation de leur réception à un lunch à l'Hôtel de Ville, cela m'échappe, en revanche. Le fait est que, après une cérémonie sur la place de l'Hôtel de Ville, à quoi les chefs en question avaient assisté sous le soleil, scintillants dans leurs boubous brodés, à l'abri de leurs ombrelles respectueusement tenues au-dessus de leur propre chef par des aides empressés et de même grandiose apparence, tout ce petit monde était convié à se restaurer dans l'immense salle des fêtes, et grâce à un buffet de taille ad hoc.

Ce jour-là, mon emploi était de jouer les jeunes filles de la maison. De veiller donc à ce que chacun pût apaiser sa soif et sa faim. Quand j'avisai un invité superbe, deux mètres dix ou vingt, la beauté masculine noire aux traits aristocratiques des confins du Sahara — pas du tout le genre gorille grotesque du sinistre Amin Dada — magnifique de port et d'allure royale dans son boubou bleu ciel brodé d'argent, la toque assortie, qui se tenait en retrait, loin à l'écart du buffet fort achalandé, toujours à l'abri (des lustres, peut-être) sous son ombrelle portée par un serviteur respectueux.

Le sommet de mon crâne au niveau de la poitrine de cette montagne humaine en dépit de mes hauts talons, mondaine, je demandai à ce seigneur s'il ne voulait pas s'approcher des tréteaux surchargés de victuailles. Non, me répondit-il sans autre commentaire, le visage de marbre, ou plutôt de jais. « Voulez-vous manger quelque chose, je peux aller vous chercher ce que vous désirez, un sandwich, une aile de poulet, un petit four ». Non, me répliqua-t-il. Voulez-vous une coupe de champagne, ou une boisson non alcoolisée si vous préférez (peut-être était-il musulman), il y a tous les jus de fruits, proposai-je. Non, trancha-t-il, l'air sombre (bien entendu) et sans qu'un de ses traits majestueux consentît à se mouvoir. Mais que voulez-vous alors, questionnai-je à bout d'imagination. Vous, me répondit-il l'œil enfin pétillant.

Plus mondaine du tout, je m'enfuis comme un moineau au raté d'un moteur et, riant aux larmes, cherchai refuge auprès de Malraux, heureusement seul avec un copain à vingt mètres de là, hoquetant, « au secours, André, protégez-moi, on veut me manger ». Entre deux crises d'hilarité difficultueusement contenues, je lui narrai l'incident. Je crois que c'est le seul vrai fou rire dont j'aie jamais vu Malraux saisi. Il en oublia de conclure par une de ses formules inimitables.

Et voilà que, désormais, Malraux se conjugue au passé. Et que tous les souvenirs se concluent par des plus jamais. Certes, depuis quelques années, les rares rires s'étaient peu à peu estompés. L'âge, la maladie s'étaient ligués avec le désaveu infligé par les Français à de Gaulle, le retour du général à la solitude de Colombey, bientôt sa mort, suivie de celle de Louise de Vilmorin.

Je revois Malraux, dans son bureau du Palais-Royal, le 28 avril 1969, au lendemain même de l'échec du référendum, quelques heures après l'annonce que de Gaulle cessait d'exercer ses fonctions de président de la République.

De Grèce, où j'effectuais un reportage pour *Le Monde Diplomatique* en ce printemps 1969, horrifiée des résultats que j'avais constaté de la politique des colonels, porteuse de tant d'espoirs que mettaient les Grecs opprimés dans une intervention de Malraux auprès de De Gaulle pour obtenir une pression politique, mais aussi dans une prise de position personnelle du ministre dont ils n'avaient pas oublié l'hommage à leur pays rendu dix ans plus tôt, devant l'Acropole, pour sa première illumination * (« ... Une Grèce secrète repose au cœur de tous les hommes d'Occident... Tout à l'heure, la Grèce antique va vous dire : J'ai cherché la vérité et j'ai trouvé la justice et la liberté. J'ai inventé l'indépendance de l'art et de l'esprit. J'ai dressé pour la première fois, en face des dieux, l'homme prosterné partout depuis quatre millénaires. Et, du même coup, je l'ai dressé face au despote... Le peuple de la liberté, c'est celui pour lequel la résistance est une tradition séculaire, celui dont l'histoire moderne est celle d'une inépuisable Guerre de l'Indépendance — le seul peuple qui célèbre la fête du Non... Nous avons appris la même vérité dans le même sang versé pour la même cause, du temps où les Grecs et les Français Libres combattaient côte à côte dans la bataille d'Egypte... Entre toutes les valeurs de l'esprit, les plus fécondes sont celles qui naissent de la communion et du courage... »), de la Grèce écrasée donc, mais encore vibrante des paroles de Malraux, je lui avais envoyé une carte. Point n'avait été besoin de

* Le 28 mai 1959.

m'étendre en commentaires. Malraux comprenait au huitième de mot. Il m'avait suffi de lui
écrire, « en reportage, il faut que je vous voie
dès mon retour ». A mon arrivée à Paris, j'avais
trouvé le rendez-vous. Le hasard des dates avait
voulu que ce fût ce 28 avril 1969.

Que voulez-vous que je fasse pour la Grèce,
avait-il commencé en venant au-devant de moi,
quand je ne peux plus rien faire pour la France.

J'avais en face de moi un homme désespéré.
Le visage encore plus blême que de coutume,
dévoré de tics, il allait et venait sans nulle cesse,
me décrivant le chaos dans lequel allait tomber
la France privée du général de Gaulle.

Blessée pour le vieil homme poignardé dans
le dos, au moment où il trébuchait, par Giscard
et la droite qui voulaient un Pompidou à la mesure de leurs ambitions, alors qu'un an plus tôt
ce beau monde s'était mis sur le dos, pattes en
l'air, ventre (fric) offert, afin de prouver sa subordination quand de Gaulle avait repris la barre le 30 mai 1968, désolée de tant d'ingratitude,
inquiète à la pensée que la France, qui avait
vécu incomparablement au-dessus de ses
moyens dans la conscience du monde par la
seule aura de De Gaulle, allait retomber au niveau de son poids réel, c'est-à-dire des marchan-
dises qu'elle était capable de produire et de vendre, je ne pouvais pour autant adhérer au ta-
bleau apocalyptique que me dressait Malraux.
On entrait dans le business, pas dans la guerre
civile.

Mais pourquoi contredire Malraux. En plus

du goût romantique pour le drame, il y avait de la délectation dans la fresque qu'il me brossait. Le sang et la mort, tout autant que la fraternité du combat (mais qui implique sang et mort) avaient sous-tendu son œuvre comme sa démarche. Les yeux virilement secs, en réalité Malraux était en train de pleurer de Gaulle. On ne fait pas remarquer au survivant que le monde ne va pas s'écrouler du fait de la disparition de l'être chéri. Je l'écoutai, comme on écoute les lamentations de la chambre mortuaire où gît le corps de l'ami.

En vain tentai-je de lui faire admettre qu'une action en son nom seul, même privé de l'arc-boutant de son titre de ministre de De Gaulle, ne serait pas sans portée, ne fût-ce que pour l'aide morale qu'elle dispenserait à ceux qui résistaient aux colonels grecs. Malraux ne m'entendit même pas, l'esprit ravi par le chagrin.

Je le quittai promptement, navrée de cette tristesse sans remède, déçue de ne pouvoir offrir à mes amis grecs que le maigre réconfort d'un article.

Dans les jours mêmes de la seconde mort de De Gaulle, je n'ai pas vu Malraux. Je terminais un reportage en Calabre, où de graves affrontements venaient d'avoir lieu. Le soir du 10 novembre 1970, rentrant à mon hôtel de Reggio-de-Calabre d'un périple dans les montagnes arides du Midi italien déshérité, je n'avais pas noté la mine compassée du concierge lorsqu'il m'avait tendu mes clefs et un bulletin de communicazione. Sans doute le dernier rendez-vous, sans intérêt majeur, que j'avais demandé pour le lendemain. Dans l'ascenseur, je jetai un coup d'œil distrait sur le message. Il tenait en une ligne, calligraphiée en majuscules, E MORTO IL GEN. DE GAULLE. Il avait été enregistré à l'hôtel à 9 h 09, et provenait du *Giornale Le Monde da Roma*.

J'avais planté là mon reportage, puisque aussi bien il était pratiquement terminé, et pris mon avion le lendemain matin pour Paris. Il est des moments où l'on ressent le besoin de se trouver en famille, c'est-à-dire en France. Dans la ville de Reggio, sur l'aéroport de Rome, les drapeaux étaient en berne. L'attente de ma correspondance dans la capitale italienne ne m'avait permis d'atterrir à Paris qu'en fin d'après-midi. J'ignorais tout des cérémonies prévues. Pourtant , en quittant mon taxi sous la pluie battante et en m'engouffrant sous la porte cochère du vieil immeuble de mon pied-à-terre parisien, j'entendis une voix que je connaissais trop, égrener au récepteur de télévision de la gardienne des grandiloquences déplacées, sur un ton de bon compagnon bouleversé. Je m'arrêtai. Ainsi, en dernier hommage, le peuple de Paris remontait par vagues, sous la pluie — et en silence, lui, — les Champs-Elysées que de Gaulle avait descendus, au milieu d'une marée humaine criant sa joie, sous le soleil du 26 août 1944.

Je posai là ma valise et m'engouffrai dans le

métro. Je ne pouvais Le laisser partir sans me joindre au vrai témoignage d'émotion populaire, bafoué par un caquetage trop professionnel.

Dans la nuit des Champs-Elysées, blanchis par la lueur des réverbères embrumés de pluie, du silence grandiose de cette masse sombre qui piétinait, ne se percevait que le bruit des gouttes d'eau qui tapotaient sourdement les parapluies. Des centaines et des centaines de jeunes gens, garçons et filles, en blouson et jeans, sans imperméable, les cheveux en mèches ruisselantes, étaient étonnamment mêlés à la foule immense de ceux du souvenir. La pluie implacable de catastrophe naturelle donnait l'impression qu'ils pleuraient. Et que le ciel se joignait à la tristesse du peuple. La marche, qui s'étalait sur l'avenue entière, progressait centimètre par centimètre. Nul ne semblait prendre garde à la pluie battante. Devant moi, près d'une heure durant, avant que notre rang atteignît l'Arc de Triomphe, je regardais le filet continu d'une fine gouttière s'insinuer dans le cou d'une jeune femme dont le compagnon insouciant ou trop masculin, tenait le parapluie à son avantage.

Etonnant silence de l'adieu, sans doute plus émouvant encore que les délirantes clameurs qui avaient accompagné de Gaulle un quart de siècle plus tôt. Et que je n'avais pas entendues, du fond de mon Konzentrasionsläger de Tchécoslovaquie.

Si j'avais manqué la possibilité de me faire emmener par une voiture amie à Colombey, au cours de la nuit, en ne songeant même pas à téléphoner aux copains — de retour chez moi je n'avais pas eu envie d'épiloguer —, j'étais, au fond, plus heureuse d'avoir pu me mêler à ce cortège du peuple de Paris que d'avoir assisté à la cérémonie des fidèles.

Je le racontai à Malraux que j'avais été visiter à Verrières, quelques jours plus tard. Il avait surmonté la déchirante détresse qu'on lui voit sur les images de la télévision. Il n'était pas en proie à l'agitation cassandresque que j'avais surprise, au lendemain du référendum qui avait fait renoncer de Gaulle au pouvoir, un an et demi plus tôt. Il était comme nous tous, incorrigibles amoureux, orphelin de sa passion. Il ressemblait à la Marianne de Faizant devant le chêne abattu. Pleurant doucement. Sans imprécations. Parce que, si le de Gaulle des Français était mort le 9 novembre 1970, le de Gaulle de la France était mort le 27 avril 1969. L'affaire était désormais de sentiment personnel, non plus d'intérêt national.

La blessure n'en était pas moins évidente. Inguérissable dans ses profondeurs. Au moins aviez-vous envoyé au général *Regarde-Toi Qui Meurs*, me demanda Malraux au détour de la conversation. Alors que je lui avais fait parvenir mon premier ouvrage durant la traversée du désert, cette fois je n'avais pas osé faire tenir mon dernier livre à de Gaulle de crainte de l'obliger, lui si courtois, à me remercier, alors qu'il avait stigmatisé publiquement ma position lors de la grève des journalistes de la T.V., deux ans et demi plus tôt. Non, reconnus-je, sans entrer dans le détail puisque, par commodité peut-être, Malraux constestait la véracité de l'apostrophe gaullienne, « dites à la dame etc ». Dommage, je vous y avais pourtant incitée, remarqua Malraux, comme s'il eût été de la moindre importance que de Gaulle, avant sa mort, eût pu profiter de mes souvenirs de modeste agente d'un réseau de parachutages et d'atterrissages clandestins, de déportée et de correspondante de guerre.

Malraux avait cependant raison. Je ne me suis jamais pardonné cette réserve que de Gaulle, s'il avait noté la parution de mon ouvrage, avait pu prendre pour de la désinvolture. Un dossier non apuré avec un disparu laisse un goût amer. Dans l'esprit de Malraux, il s'agissait sans doute du regret que l'on a à savoir qu'un différend, entre deux personnes qui vous sont chères, n'a pu être aplani avant l'échéance fatale. Et, dans le cas précis, que de Gaulle, mieux informé de ma personne et de mon action, ne m'eût pas accordé l'absolution.

Je revois Malraux, à mon dernier retour du Vietnam, au mois de juin 1975, à ce déjeuner chez Lasserre pris en compagnie de Sophie de Vilmorin et qui devait être notre dernier déjeuner commun. C'était pour *Radio-Luxembourg* que, cette fois, j'avais assuré le reportage de la chute de Saigon.

Malraux m'écoutait lui raconter les chars

nord-vietnamiens tirant leurs ultimes coups de canon pour pénétrer dans une ville déserte, frappée d'épouvante derrière ses volets clos, puis la courte fraternisation de soulagement qui avait suivi, devant l'absence des massacres prévus, puis les milliers de fonctionnaires en uniforme vert descendant par convois de camions entiers de Hanoï et qui avaient pris en main le Sud avec une impéritie et une incohérence aussi totales que fort peu marxistes, sauf pour ce qui était du pillage systématique, non seulement des biens de consommation, mais aussi des outils de production et encore l'installation immédiate d'un quadrillage de la population jusqu'aux plus bas échelons, avec sa mise en carte sur fichiers divers et autorisations à obtenir pour le moindre acte de la vie courante. Les camps, pudiquement baptisés de rééducation — comme si le viol de l'esprit n'était pas aussi répréhensible que les sévices corporels —, n'avaient pas encore planté leurs barbelés et les transferts arbitraires de population n'avaient pas commencé.

Et le Cambodge, m'avait interrogée Malraux, avez-vous pu vous y rendre. Il n'en avait, bien entendu, pas été question. Mais, avec mes confrères, nous avions été bloqués par les nouvelles autorités assez longtemps pour voir arriver, à pied, les premiers rescapés de cette libération à l'antique. Je rapportai à Malraux les témoignages recueillis sur l'évacuation de Phnom-Penh comme de toutes les agglomérations cambodgiennes et lui narrai l'histoire de la cousine de ma petite coiffeuse, parvenue à

Saigon en haillons, à bout de forces, et qui avait laissé sur la route son mari abattu par les Khmers rouges, son bébé et son petit garçon morts de faim, d'insolation et de déshydratation.

En somme, conclut Malraux, le Cambodge c'est la Chine vue par des cons. Hystériques, aurait-il pu ajouter.

A la fin du mois de septembre 1976, quelques jours après la parution en librairie de ma *Mousson de la Liberté* — trop différente de celle que j'espérais pour le Vietnam et qui nous avait été abondamment promise — dont bien entendu j'avais signé le premier exemplaire à l'intention de Malraux, je demandai à le voir.

Je partais pour un court séjour au Japon que je n'avais pas visité depuis vingt ans et désirais ses conseils puisqu'il s'y était rendu peu auparavant. D'autant que je comptais axer sur lui l'un des thèmes principaux de l'allocution que je devais prononcer à un congrès de l'association des clubs asiatiques de l'Unesco. André est si fatigué, me confia Sophie de Vilmorin, que je préférerais que vous le voyiez à votre retour. C'est d'ailleurs la raison pour laquelle il ne vous a pas encore écrit ce qu'il pensait de *La Mousson*. Mais, sur son bureau, il y a une note marquée « Brigitte ». Peut-être pourriez-vous emporter *l'Intemporel* au Japon. Tadao Takemoto l'attend pour le traduire.

Quand je rentrai de Tokyo, j'appelai Verrières. Vous pouvez venir, bien sûr, me dit Sophie mais André est si las, il se fatigue si vite, que dix minutes de conversation l'épuisent. Il consacre ses moments d'énergie aux dernières lignes de *l'Homme Précaire*. C'est pourquoi il ne vous a pas encore envoyé la lettre promise. Mais tous les jours il me dit, il faut que j'écrive à Brigitte. Votre jolie carte signée avec Takemoto lui a fait tant de plaisir. Peut-être serait-il préférable que vous attendiez qu'il aille mieux avant de venir.

Je me gardai d'insister. Je n'entendais pas, dans ces conditions précaires, soustraire Malraux à son œuvre. Je demandai seulement à Sophie s'il pouvait m'adresser une seule phrase de commentaire de mon livre, m'inventer une de ses formules percutantes que mon éditeur se proposait d'utiliser pour la publicité.

André vous la promet, m'assura quelques jours plus tard Sophie de Vilmorin au téléphone. Mais votre idée de formule pour la publicité le paralyse.

C'est alors que je compris que c'était la fin. Malraux paralysé par une formule à trouver ! Au vrai, dès mon premier coup de fil lors de mon arrivée à Paris, une vague angoisse s'était insinuée en moi. Sophie avait eu beau m'annoncer qu'il commençait à se remettre enfin de son opération du mois d'août, je n'avais pu vaincre cette impression de malaise.

Ainsi, ne l'ai-je pas revu dans les dernières

semaines de sa vie. Pourtant, je sais que, tel le soleil de Rostand, sans lui les choses n'auraient pas été pour moi ce qu'elles ont été et ce qu'elles sont. Par son esprit agressif, inassouvi, par ses connaissances sans limite, par son sens esthétique toujours à l'affût, non seulement il illuminait de coups de projecteurs violents, subits, imprévus, la vision des choses de ceux qui l'entouraient, mais il imprimait en eux la couleur de ce pinceau lumineux. Il y a fort à parier que, vivant au XVIᵉ ou au XVIIᵉ siècle, il eût été reconnu pour un sorcier distributeur de philtres, car c'était à travers son filtre que l'on finissait par regarder le monde.

Il vous tenait l'esprit en rumeur, comme dit si joliment Julien Gracq à propos d'une nouvelle de Poe — et Gide avait tort lorsqu'il affirmait que, devant Malraux, on ne pouvait que se sentir idiot ; certes oui, lorsque vous étiez auditeur ; certes non, lorsque vous étiez interlocuteur ; dans ce cas, il vous donnait au contraire l'impression d'être, tout à coup, devenu intelligent —. Mais il vous tenait aussi en rumeur les sens.

Il composait un déjeuner comme l'on cherche ses tons sur une palette.

Visiter un musée ou une exposition en sa compagnie rendait l'événement grandiose. Je me souviens de telle visite du musée de Lille, en 1948, à la nuit tombée, après la fermeture officielle. Dès le premier instant, le directeur qui nous avait accordé cette faveur, avait dû renoncer à nous piloter. Et à commenter. Malraux semblait connaître toutes les toiles. Il nous faisait passer au pas de charge devant des panneaux entiers et se dirigeait droit vers telle main, telle lumière, tel pan de satin cramoisi, tel ensemble de courbes qu'il voulait voir ou nous montrer. En quelques paroles, l'œuvre devenait ce que probablement son auteur, ou certainement son inconscient, avait voulu qu'elle fût. Il semblait déchirer un emballage à peine translucide.

De même savait-il par ses questions vous faire découvrir à vous-même la trame, le cheminement de votre pensée dont vous n'aviez pas même pris conscience.

On entrait dans son bureau pour lui demander son avis sur tel projet, son accord pour recevoir tel journaliste, et l'on se retrouvait trois minutes plus tard chez les Sassanides, dans les grottes de Touen Houang ou devant le tympan d'Autun ou de Moissac.

Un jour, de passage à Paris alors que j'habitais le Liban, comme Malraux examinait la photographie de ma petite chatte sauvée, à demi-morte de faim, d'un buisson de Rhodes et qu'il lui découvrait une allure égyptienne ou, tout compte fait, éthiopienne, j'avais profité du plus étonnant survol, primo des chats dans l'histoire des religions et des hommes, bataille d'Azincourt comprise, secundo des chats dans la sculpture et la peinture mondiale, tertio de la sym-

bolique des chats dans les mentalités. Si ma
Rhodos avait su.

Les chats. Que d'anecdotes, de simples traits
de caractère ou de comportement, avons-nous
pu nous confier à leur sujet. L'habitude de Rhodos de m'appeler de la patte à son réveil comme
on hèle un taxi, pour se jucher sur mon épaule
et se faire porter à son plateau de petit déjeuner, ou de se transformer en col de renard 1930,
deux pattes abandonnées d'un côté, deux pattes
de l'autre, la tête au creux de mon cou, ni vue
ni reconnue, croyait-elle, tandis que je recevais
mes invités beyrouthins, ravissait Malraux. Et
combien de fois ne lui ai-je pas fait raconter
l'histoire de son chat britannique qui dénonce
jour après jour à son maître (?) les trahisons
de sa femme et qui, lorsque l'homme enfin rendu fou, a pris son fusil et tué l'infidèle, les yeux
mi-clos, devant un feu auquel il se rôtit, déclare
dans un bâillement, « j'ai menti ».

Il était jaloux de ses chats comme un amant
espagnol. A Verrières, si vous attiriez Fourrure
ou Lustré sur vos genoux, il vous prévenait que
c'était sans espoir. Fourrure s'y complaisait-elle
en ronronnant, tiens, étrange, c'est qu'elle doit
sentir Barbara, déclarait-il agacé de cette infi-
délité, la tolérant néanmoins, au nom de notre
commune passion.
Dans une de ses lettres, sous l'annonce, « hier,

drame de l'adultère chez Malraux, personnages,
le mari (A.M.), la femme (la chatte Fourrure),
le vil séducteur (votre serviteur) », Marcel Brandin me raconta que, quant à lui, la première fois
qu'il avait été à Verrières, Malraux l'avait pré-
venu, « ne te vexe pas si les chats se sauvent,
ils se méfient des étrangers ». Là-dessus, m'écrivait Brandin, je gratte délicatement la nuque de
Fourrure, à rebrousse poil, puis le menton.
Fourrure se laisse caresser quelques instants
puis s'écarte paisiblement pour aller, c'était
clair, méditer dans un coin sur la conduite à
tenir à mon égard. Nous nous asseyons à table
et elle arrive au petit trot pour sauter sur mes
genoux et se faire caresser. Et y reste. Malraux
était blême. Il me dit méchamment, c'est l'odeur
qui l'attire. Mais moi je sais que je ne sens ni
le Ronron ni le pipi de chat et le lui dis. Il re-
prend, alors, tu as dû te frotter à un chat avant
de venir. A la fin du déjeuner, l'air sombre et
résolu, il me jette, ce soir, quand elle viendra
sur mon lit, je lui dirai, fous le camp, salope,
va coucher avec ton Brandin. J'étais navré. Sa
voix était sifflante. Quant à Fourrure, elle s'en
foutait visiblement. Elle savait que le soir venu,
son Boubouroche lui aurait pardonné. Ah, ces
femmes, concluait Brandin.

La photographie de Malraux que je préfère
est celle qui le montre durant son commandement de la brigade Alsace-Lorraine, deux chatons en train de faire de la varappe sur son uni-

forme, l'un sur la poitrine, l'autre sur l'épaule (bien que des retoucheurs trop conformistes aient tendance à gommer par l'ombre du fond le second). Et je crois que, dans *l'Espoir*, il a trouvé le plus charmant adjectif pour décrire ces merveilles de la nature que sont les chatons. Il y évoque un petit chat mousseux. Lorsque nous passâmes un après-midi à Verrières, à désosser le manuscrit que je lui avais soumis, Malraux évoqua Jessica, chatte de mon imagination, analysa son comportement comme celui d'un personnage de premier plan, déclarant, péremptoire, que je serais le premier écrivain (?) français à sa connaissance à faire participer un chat à l'intrigue même d'un roman.

Malraux assurait écrire certaines pages de ses manuscrits en rond autour de ses chats. Car il va de soi que ses visiteurs impromptus, lassés d'une station trop prolongée de leur ami à son bureau et respectueux des traditions félines, s'installaient sur le feuillet en cours de rédaction. Et non point sur le paquet de papier blanc. Ni davantage sur le tas de pages déjà remplies. Mais toujours à l'endroit précis de son attention, quitte à opérer une translation feutrée si son regard consultait le travail déjà accompli. S'asseyaient en lui tournant le dos, bien sûr, afin de démontrer leur réprobation outrée, mais décemment contenue, devant son incorrection. Comment Malraux osait-il, en effet, ne pas tenir compte de leur soudaine volonté intransigeante, inexorable et souveraine de constituer l'objet unique de son intérêt.

A l'instar de tous les amoureux des chats, il avait du chat en lui. Il se glissait dans votre vie comme un chat qui a décidé de vous faire sien. Comme le pur gouttière tigré de mon enfance, qui par les balcons de l'immeuble de la Muette, avait déserté, par un chaud printemps et les fenêtres ouvertes, l'appartement où lui était imposée la compagnie d'un cocker, pour élire domicile à la maison. Le premier jour, lorsque la famille, par ordre de préséance, avait pénétré dans la salle-à-manger, un superbe sphinx, marbré de jais et d'ambre, trônait en surtout de la longue table oblongue. Rendu à ses aîtres, à force d'obstination quotidienne, il avait gagné la partie pour régenter bientôt notre intérieur.

Ainsi Malraux s'installait-il dans votre moi, sans effraction, mais sans rémission. Vous étiez conquis, subjugué à jamais, quels que fussent les feulements ou les détournements dédaigneux que vous puissiez endurer. Comme l'on pardonne tout à la beauté aristocratique, à la grâce raffinée, à la tendresse réservée du chat, œuvre d'art vivante, on pardonnait tout à l'imaginaire envoûtant, à la vision cosmique, à l'intelligence foudroyante, sous-tendus par une fraternité complice qui, en définitive, ne se démentait jamais d'un Malraux, chef-d'œuvre de l'humain.

Il était impossible de se déprendre de lui.

ACHEVÉ D'IMPRIMER
LE 29 JUIN 1977
SUR LES PRESSES
DE
L'IMPRIMERIE
CARLO DESCAMPS
CONDÉ-SUR-L'ESCAUT
POUR LE COMPTE DE
LA LIBRAIRIE PLON
A PARIS

Dépôt légal : 2e trimestre 1977
No d'éditeur : 10342
No d'imprimeur : 1356
Imprimé en France